JN094823

聖イグナチオの30日の霊操

―祈りに親しみ、神の愛に生きるために―

ホアン・カトレット, S.J.　著

ホセ・マリア・カトレット　絵

「聖母マリアは"霊操"を書くために
聖イグナチオに声をかける」

「＊ミサ」の箇所で記載されている「典」は『典礼聖歌』（カトリック中央協議会）を、「カ」は『カトリック聖歌』（光明社）を、「カトリック典」は『カトリック典礼聖歌』（中央出版社）をそれぞれ示しています。

まえがき

　ロヨラの聖イグナチオが著した『霊操』は、イエズス会員はもとより全人類の霊的生活にとって偉大な宝物です。イエズス会に入会したとき、修練長から毎日プリントを渡され、霊操の指導を受けたものでした。

　ご自身も被爆されながら多くの方々を救援なさったイエズス会元総長アルペ神父が住まわれた広島で 33 年間、また 2005 年からは東京で私も、黙想指導に携わってきました。

　30 日の霊操者には毎日プリントを渡していましたが、それを一冊の本にしたいという望みが湧き、信徒に編集を依頼しました。

　以下、この本の使い方について、ご案内いたします。

　祈りの集い（あるいは祈りの時間）はその日の祈り（1. 祈り）から始めます。その日にふさわしいと思われる祈りが記されています。集いの場合はグループで、個人の祈りの場合はご自身で唱えてください。

　次にその日の要点が霊操の番号も含めて簡単に説明されます。中心となるのは聖書の箇所で、心に響くみ言葉にとどまり、祈ることが勧められます。

　その後に、トマス・ア・ケンピス著『キリストにならう』から、その日に役立つと思われる章を紹介しました。

　物語は拙著『たとえ話で祈る』から転載しました。挿絵はスペインの兄ホセ・マリアによるものです。福音をたとえ話で語る名人だったイエスにならい、いろいろなたとえ話を集めました。読者が霊感

を受け、想像力を働かせることによって祈りが深まればと願っております。

　視覚からの効果も大きいと思い、祈りにふさわしい芸術作品や写真を所々に入れました。

　終わりはアヴェ・マリアの祈りで締めくくり、マリア様に恵みを取り次いでいただくようにお願いいたしましょう。

　なお、ミサの朗読箇所、聖歌の案を記載していますが、祈りの日が主日・祭日・祝日にあたる場合には教会の典礼を優先してください。聖歌は各々で、その日の祈りにふさわしいと思われるものを選んで歌ってください。ミサの箇所にある「白、緑、赤、紫」などの色は、その日の典礼で司祭がつける祭服の色を表しています。

　この本は「最初の晩」から毎日のテーマごとに、ゆっくり祈りながら読むように編集されています。特に、霊操で使用する場合は、読んでいる箇所の続きを先に読まないでください。

　ほかの使い方もいろいろ考えられます。本を開いたときに、心に響いたページを祈る。目に留まった絵や写真のある日のテーマを祈る。たとえ話だけを読む。聖書箇所を祈りの集いで使う……。導かれるままに、この本に親しんでくださることが、私の大きな喜びです。

　ご一緒に、イエスの道を愛のうちに歩みましょう。

　2021 年 1 月 1 日　神の母聖マリアの祭日に

ホアン・カトレット, S. J.

推薦のことば

　聖イグナチオは、世界に大きな影響を与えています。イエズス会の会憲を書き、修道生活と教育の世界に新しい深さと広さを与えました。さらに黙想の本を書き、人類の神への道を拡げました。昔から忙しい人々が大事な仕事を続けながら黙想ができるように、日常の中で霊操を行うのが流行っていました。これは「日々の霊操」として、定期的に指導を受けながら、イグナチオの 30 日の霊操に従って 1 日分を 1 週間かけて祈り、30 週の間、毎日 1 時間の黙想をするのです。

　現代、この霊操のやり方を拡げるためにカトレット神父が書いたこの本は大変役に立ちます。

ルイス・カンガス, S. J.

聖イグナチオの遺産としての霊操

　今から500年前、パンプローナ合戦での大怪我によって神は聖イグナチオに回心のきっかけを与えました。その出来事が「霊操」の始まりであったと言えるでしょう。世界のイエズス会とその関係者は Ignatian Year（イグナチオ年）を記念するにあたって「すべてを新たな目で見る」恵み、そのための回心を願いたいものです。そのためにイグナチオ自身が残してくれた「霊操」を体験することがなにより相応しいでしょう。

　私たちは、聖イグナチオを創立者として考えるとき、「完成した人」、「聖人」と評価しがちです。しかし、本人は自分のことを "el Peregrino"「巡礼者」、つまり「神に向かう途上の人」のアイデンティティを最期まで意識していました。「自叙伝」で、霊的な目標に向かって、いつまでも「途上の人」であったと書き残しました。聖イグナチオが提案した「霊操」は、まさに神に向かって歩む体験であり、一生涯続く旅でもあります。その霊性をもった者にとって「霊操」はイグナチオを通して神様が与えてくださった「救いの道」でもあります。

　今年はイグナチオの回心という記念すべき出来事から500年が経ちます。聖イグナチオの体験は私たちを回心へと招くものとして受け取りたいものです。パンデミックによって、全世界は様々な目標が達せなくなった体験をしています。今こそ、私たちに回心がで

きる時、道を振り返ってよりふさわしい道を見いだす「恵みの時」です。聖イグナチオにならって、困難こそ神様から差し伸べられている恵みとして「霊操」に励みましょう。

　『霊操』は、読む本ではなく、神と人との出会いを助ける「手引き」ですので、環境と文化に合わせて常に翻訳や解釈を必要とする本です。今回、新しく出るカトレット神父の『30日の霊操』は多くの人々の回心と霊的体験を助けるきっかけになれば幸いに思います。

　2021年5月16日

イエズス会日本管区

管区長　レンゾ・デ・ルカ, S. J.

目　次

最初の晩

テーマ：聖霊来てください

1. 祈り　「聖霊の降臨を求める祈り（聖霊の続唱）」

聖霊来てください。あなたの光の輝きで
私たちを照らしてください。
貧しい人の父、心の光、証の力を注ぐ方。
やさしい心の友、さわやかな憩い、ゆるぐことのないよりどころ
苦しむ時の励まし、暑さの安らい、憂いの時の慰め。
恵み溢れる光、信じる者の心を満たす光よ。
あなたの助けがなければ、すべてははかなく消えてゆき、
だれも清く生きてはゆけない。
汚れたものを清め、すさみをうるおし、受けた痛手をいやす方。
固い心を和らげ、冷たさを温め、乱れた心を正す方。
あなたのことばを信じてより頼む者に、尊い力を授ける方。
あなたは私の支え、恵みの力で、救いの道を歩み続け、
終わりなく喜ぶことができますように。
アーメン。

2. 考察の要点

＊霊操の体験とは何か
生活を整える（霊操 1、21）。
「選定」と「祈り」を学ぶ。
内的自由を得るために（霊操 189）。

＊出発点：自分の今の姿を見る

私は誰か：霊魂の三能力（記憶力、理性、意志）を使って振り返る。

　　　　行動（何を行っているか）

　　　　心配（何を考えているか）

　　　　望み（何を愛しているか）

＊目的：そのすべてが、新たになるように！

神のみ心（み旨）を探し求める。

「私たちは聖霊の畑である」。

「聖霊よ、私の心の畑を耕してください。豊かな実りをもたらすために」。

（ピエール・ティヤール・ド・シャルダン，S.J. 1881 〜 1955）

３. 祈りの箇所

＊聖霊の降臨を求める祈り：聖イグナチオの「祈りの第二の方法（霊
操249）」で味わう（祈りの言葉の意味を一語一語考察する）。

＊聖書の箇所

イザヤ55：10 - 11　「み言葉へのあこがれ、期待」を祈りのうちに
味わう。

ヨハネ8：31 - 32　み言葉にとどまり、イエスの弟子となり、真理
を知り、心の自由を得るように願う。

＊象徴　「洞窟」　マンレサの洞窟

　　　　私の心の洞窟に入ろう。

「マンレサの洞窟」

＊物語 「じゃこう鹿」（『たとえ話で祈る』pp.12～14より）
　じゃこう鹿が心を奪われた不思議な香りは、どこから来るのか。

　昔あるところに、腕白でいたずらな小さなじゃこう鹿がいた。野の花々をはしからかじってみたり、あちこちの小川の澄んだ水を飲んだり、かと思えば、岩山の間を飛び跳ねたり、森のくぼ地で昼寝をしたりで、日がな一日過ごしていた。そんなある日ふと、あたりに不思議

な香りがただよっているのに気づいた。それはえも言われぬ香りで心を誘う、近くて遠い呼び声のようだった。小さな鹿はすっかり心を奪われてしまった。それからというもの、小さな鹿の生活はすっかり変わってしまった。心にしみ透る不思議な香りを探して、あの山この山に登り、谷を下り、一心不乱に動きまわった。そして、探せば探すほど、憧れは募るばかり、心は揺れ、体も震えるのだった。寝ることも食べることまで

も忘れてしまった。何かに渇いていた。なぜか、いつもとても渇いていた。「ぼくは渇いているんだ」と小さなじゃこう鹿は思った。

　こうして、心をとらえて離さない香りの魅力に気も狂わんばかりになった鹿は、香りのもとを求めるあまり、身の危険もかえりみず、とうとう断崖から飛び降りてしまった。崖の下には、切り立った岩が待っていた。しかしそこで、彼はあの不思議な香りの源を見つけた。岩に切り裂かれた体から、あの心にしみ入る香りが、死の瞬間に立ちのぼったのだ。小さなじゃこう鹿は、空をじっと見つめた。その目は探していた物を見つけたという満足に輝いていた。けれども、遅すぎた。気づくのが余りに遅すぎたのだ。

＊「わが神よ、あなたは私の
　うちにおられるのに、私は
　外にいて、外側にあなたを
　探していました」。
　（聖アウグスティヌスの言葉）

「聖霊降臨」

第1週 第1日 「愛の日」

テーマ：神の愛を感じ、応えたい

1. 祈り 「主のみ手の中に」
（聖イレネオ）

「母なる神」

主よ、私はあなたの作品です。
芸術家であるあなたのみ手に、
私を任せます。
あなたはすべてをふさわしいように
なさってくださるからです。
主よ、私の心を捧げます。
私の心を優しく、やわらかいものにし
てください。
主の似姿が刻まれたまま、守っていくことができるように。
私の粘土が濡れたまま、固くならないで、
あなたの指のしるしを受け、それを失うことのないように。

2. 考察の要点

＊霊操に入るときの心構え

<u>霊操 2</u> 　内的に知り、それを味わうこと（sentir interno）。

<u>霊操 5</u> 　寛大な心と、何ものにも挫けない態度をもって、惜しみな
　　　　く自己を神に捧げる。

<u>霊操 12</u> 　神に自分の時間を与える。毎日1時間の祈りを4回、1時
　　　　間の聖体礼拝を行う。

<u>霊操 13</u> 　祈りに対する忠実さをもつ。特に荒みの時にはよりいっそ
　　　　う祈るようにする。

<u>霊操 20</u>　砂漠の体験は神との一致への道である。沈黙、観想的な孤独、
　　　　　神への信頼、開かれた心、貧しい心（心の自由）、もっと、
　　　　　よりいっそう（magis）の態度をもつこと。

＊祈りの方法

黙想　詩編などを読み、心に響いたみ言葉にとどまり、祈る。

観想　福音書の物語の場面の中に入り、想像の目で見、耳で聞き、手
　　　で触れるなど、五官と想像力を使い、そこにとどまり、味わう。

中央の祈り（centering prayer）　自分の深みに降りて、そこで神の
　　　現存を味わう。

反復　慰め・霊的感動を感じたところを味わう。
　　　あるいは荒みを感じたところはどこか（霊操 62）。

＊面接

指導者との出会いの場。「受肉の原則」人は人を通して導かれる。

一緒に識別するために（discernere）、祈りのうちに感じたことや考
えをありのまま話す。

特に次の二つの点について注意する。

①祈りの質：どのような心の動きがあったのか。

②沈黙：どのような心の静けさがあったのか。

3．祈りの箇所

＊聖書の箇所

<u>イザヤ 43：1 - 7</u>　主は私の「根本的欲求」を満たす。人は愛され
る体験によって満たされる。自分に価値があるか。深い心の絆がある
か。

<u>1 ヨハネ 4：7 - 8、18 - 19</u>　神は愛（創造的愛）である。愛には
恐れがない。

<u>イザヤ 49：14 - 16</u>　神は母の心をもって憐れんでくださる。神のみ
手に抱かれている。

エレミヤ 18：1 – 6　　神は陶工。私たちは神のみ手の中にある粘土。
ホセア 11：1 – 11　　神の愛。
ローマ 9：20 – 21　　神に委ねる（器の神学）。
詩編 139　親密な現存（1 – 6）、普遍的現存（7 – 12）、愛する現存
（13 – 18）、完全な現存（19 – 22）、詩編の祈りの終わりに（23 – 24）
自己奉献をし、願い求める。「とこしえの道に導いてください」。

＊ケンピス『キリストにならう』
　第3巻 第2章　真理は、静けさのうちに私たちの心に語る

＊象徴　主のみ手の中に

＊物語　「たった一羽で飛ぶ小鳥」（『たとえ話で祈る』pp. 9 ～ 11 より）

　たった一羽で飛ぶ小鳥には五つの特徴がある。第一は、大空の高み
にまで飛ぶこと。第二に、仲間を求めないこと。同じ魂を持つ仲間が
いても、やはり一羽でいる。第三に、いつも風の吹く方を向いている
こと。第四に、決まった色を持たないこと。第五に、美しくさえずる
こと。

　これらは皆、観想的な魂の特徴だ。さまざまな現象にとらわれず、
それらをはるかに超えて、高く飛ぶ。孤独と沈黙を友とし、仲間を求
めない。聖霊の風を受け、その導きのままに生きる。こうして、主に
最もふさわしい者となる。何ごとについても自分の考えにとらわれず、
神のみ旨だけを心する。花婿である主の愛の観想のうちに、美しく歌
う。（十字架の聖ヨハネ『光と愛について』より）

＊ミサ　「赤」

祈願●「聖霊を求める」、第一●ローマ8：18 – 27、福音●ヨハネ7：37 – 39、聖歌●入祭：典386 ①、答唱：典42 ① ④、アレルヤ：典266 聖霊、感謝：典216、閉祭：典386 ② ③。

「たった1羽で飛ぶ小鳥」

第2日「賛美の日」

1. 祈り 「主よ、あなたのみ前だけに」

主よ、ただあなたのみ前にいること、それだけです。
体と魂の目を開いて
静かに、沈黙のうちに、とどまり、
あなたに心を開きます。
なぜなら、あなたは私に向かってみ心を開いておられるから。
永遠の現存である主よ、
私は何も見たくない、何も聴きたくないのです。
すべての考え、すべてのイメージから空っぽになり、
静かに、あなたと共に
妨げなしで、信仰の沈黙のうちに
主を見いだし、主のみ前だけにいるために。

2. 考察の要点

*霊操の「原理と基礎」(霊操23a)

その本質は聖イグナチオのマンレサでの体験である。イグナチオはカルドネル川のほとりでビジョンを得て、造り主である神と人間と世界の関係を知る。
「すべては神の愛によって造られ、被造物は自分たちの目的である父なる神に戻る」(自叙伝30)。

*神との関係における二つのレベル

1) 客観的レベル:信仰における普遍的ビジョン。超越の神は歴史に入り、働かれる。神の「恵み(母的)とまこと(父的)」は私たちと共にある。

２）主観的レベル：個人としてのふさわしい態度で応える。賛美し、敬い、礼拝し、奉仕し、愛し、感謝する。そして自分自身を受け入れる（器の神学）。

＊実存的な問い

１）人生の安心感があるか。内的な喜びと希望で生きているか。

２）欲求不満があるか。どんな失敗をしたか。　　　　　　　　　・

３）どんな恐れがあるか。

４）どんな期待、強い望みがあるか。

５）どんな神のイメージを抱いているか（父か、裁判長か）。

３. 祈りの箇所

＊聖書の箇所

創世記1 - 2章　楽園における生き方とは、友情と従順、調和と分かち合いである。

出エジプト記3：1 - 15　神の実感は…畏れ多い、ありがたい、神秘。

詩編8　「人の子は何者なのか」。

大人になっても、子どもの心を保つようにする。イエスのように。私たちは「子どもの心を持った、神を賛美できる人」と、「傲慢な人」の二つの側面を持っている。

すべてのものは神のみ手によって造られた。その被造物の中で、人間は神のみ心に近い存在である。神は人にすべてを任せられた。地においては家畜、野の獣、空においては鳥、海においては魚。

コロサイ1：15 - 20　キリストは教会の頭、神の完全な似姿である。

マタイ6：24 - 34　神のみ摂理に信頼する。

＊ケンピス『キリストにならう』

第3巻 第1章　忠実な霊魂に語るキリストとの親しい会話

昔、太陽の「目覚まし時計」を自
認するおんどりがいた。それが自慢
で、一人ほくそ笑んでいた。

「毎朝、私が時を告げると、太陽が
目を覚ます。日の出だ。そして勇壮
に天を巡り始める。なんと偉大な使
命だろう」。

こんな訳でおんどりはいよいよお
ごり高ぶり、他の鳥たちを皆ばかに
する始末だった。ところがある日の
こと、おんどりはすっかり寝過ごし、
目が覚めて見ると、もう昼の12時になっていた。そして驚いたことに、
太陽は既に空高く輝いていた。おんどりはつぶやいた。

「こんなことってあるだろうか。私が太陽の目覚まし時計だったは
ずなのに」。

すっかりうろたえてただ行きつもどりつしているうちに、真実に気
がついた。おんどりは不意に立ち止まり、太陽に向かって力一杯でき
るだけ上手に鳴いた。そのあたりではこれほどすばらしい鳴き声を聞
いたことがないほどに、立派な鳴き声が響きわたった。

おんどりは天啓を受けたのだ。彼が目覚ましの役をしていたのでは
ない、その逆だったとその瞬間に悟ったのだ。太陽は毎朝出る。その
力強く、暖かい光線で、生きとし生けるものすべてを抱き、暖め、生
きる情熱と、賛美と感謝の歌を歌う力を与えるのだと。

それからも、おんどりはいつものように、毎朝時を告げて鳴いた。
しかし、その鳴き声はもう、傲慢でも、自己中心でもなかった。その
声は、太陽への感謝。すべてに先がけて目を覚まし、彼を暖め、感謝
をこめて声高く歌う望みを抱かせてくれる太陽への賛歌だった。

いまでも、おんどりは毎朝、賛美と感謝の歌を歌い続けている。聞いたことがありますか。太陽は神様、おんどりは私たち…。

＊象徴　「山」神の山に登る、神の栄光へ、神は私の岩

＊ミサ　「緑」
祈願●「敬い、愛する心」、第一●ヨブ 1 ：21、福音●マタイ 6 ：
24 – 34、聖歌●入祭：典169① ④、答唱：典48① ②、アレルヤ：
典273（28C）、感謝：典399、閉祭：典391① ②。

「モンセラートの朝」

第**3**日「不偏心の日」

1. 祈り 「父よ、祈りを教えてください」

父よ、祈りを教えてください。
何を話すべきかを教えてください。
イエスのように祈りたいのです！
父よ、生きることを教えてください。
私の最も良いものを与えたいのです。
イエスのように生きたいのです！
父よ、仕えることを教えてください。
そしてあなたのみ心を果たすことを教えてください。
イエスのように奉仕したいのです！

2. 考察の要点

＊不偏心の意味（霊操 23b）
1）何事にも偏らない態度で接する。
2）神の愛を識別する（discreta caritas）。
3）神のみ旨を果たす心構え。
4）聖霊の道を見分ける心。
5）より良い方を選ぼうとする態度（magis）。
6）無関心（apatheia）ではなく、神のみ心を果たすための内的自由。
7）勇気と愛が必要。
8）若い心、燃えている心、子どものような無心な心、遠心力と求心力のバランス。
9）野心や、もっと（plus）欲しがる態度をやめ、「持つ」ことよりも、「自由に存在する」ことを求める。

「糸で足を結ばれた鳥は、その糸がどんなに細いものであったとしても、糸を切らない限り飛ぶことはできないであろう」。（十字架の聖ヨハネ）

執着と愛着は、それが小さなものであっても問題になる。それは、ひとつの小さな偶像崇拝である。

＊物の神学
神はすべてを良しとされた。神が造られたものに悪いものはない。この世界の発展に役立てるために使うべきである。

3. 祈りの箇所

＊聖書の箇所
創世記 22：1-18　アブラハムの不偏心。
1サムエル3：1-10　少年サムエルの祈り「どうぞお話しください。僕は聞いております」。
ヨハネ3：22-35　洗礼者ヨハネの不偏心。彼は砂漠の人である。
フィリピ3：5-16　聖パウロの不偏心。
ルカ1：26-38　マリアの不偏心。「わたしは主のはしためです。お言葉どおりこの身に成りますように」。

＊ケンピス『キリストにならう』
第3巻 第17章　すべての心配を神にゆだねる

＊物語　「鷲か鶏か」（『たとえ話で祈る』pp. 29〜31 より）

あるアメリカインディアンがこんな話をしてくれた。
勇敢なインディアンが一人そびえる山の頂に登り、岩の間の鷲の巣に卵があるのを見つけた。そこで家に持ち帰り、めんどりの巣に入れた。鷲の子は卵からかえり、鶏のひなたちと一緒に大きくなった。

それからずっと、鷲は自分を鶏だと信じ、鶏たちと同じように暮らした。つまり、コッコッと鳴きながら、ミミズや虫を探して地面を掘り、鶏たちが時にするように、羽をばたつかせて二、三メートル飛んだりしていたわけだ。

月日がたち、鷲は年を取った。ある日、澄んだ空高く、立派な鳥が優雅に、しかも堂々と金色の力強い翼を広げ、気流に乗って舞うのが見えた。

老いた鷲は感心して空を見つめ「あれは何だい」とかたわらにいためんどりに尋ねた。

「あれは鳥の王様、鷲よ」とめんどりは答えた。「でも、見てもしようがないわ。しょせん私たちとは違うのだから」。

そんなわけで、鷲は二度とその姿を思い出すこともなく、わが身を囲いに住む鶏だと信じきって生涯を終えた。

その2

かたわらにいためんどりが、「あれは鳥の王様、鷲よ」といったとたん、囲いの中にいた鷲の心の奥底で、眠っていたものが目を覚ました。彼は矢のようにまっすぐに澄んだ空高く飛び立った。そして高く、高く舞い上がり、ついに見えなくなった。

＊鶏になるか、鷲になるか。すべては偏らない心にかかっている。心が何ものにもとらわれず、自由であるかどうかに。

＊**象徴**　「砂漠」砂漠の中で人は神に向かう
　　　　　神の栄光へ、道は無、無、無…

＊ミサ　「緑」
祈願●「神のみ旨を果たす」、第一●フィリピ3：7−16、福音●ルカ17：5−10、聖歌●入祭：典98①⑤、答唱：典93③④⑦、アレルヤ：典281、感謝：典213、閉祭：典54①⑤。

第4日「悔い改めの日」

1. 祈り 「赦しの願い」（ジョン・ウェスレー　1703 ～ 1791）

主よ、すべてをお赦しください。
怠りの罪と犯した罪を
若い時の罪と老齢の時の罪を
心の罪と体の罪を
ひそやかな罪と公に知られている罪を
無知のゆえの罪と知らずに犯した罪を
情熱のために犯した罪と軽はずみのために犯した罪を
自分の楽しみのために犯した罪と
他人を喜ばせようとして犯した罪を
知っている罪、記憶している罪、忘れてしまった罪を
他人から隠そうとしている罪と他人を怒らせた罪を
主よ、これらすべての罪をお赦しください。
私たちの罪のために死に、義とされるために復活された
私たちの主イエス・キリストのゆえに
私たちをお赦しください。

2. 考察の要点

＊今日の目的
信仰のビジョンの中で、悪の神秘を考察する。
次の二つの心の動きが求められる。
　1）罪人であることを認める。
　2）十字架のキリストの贖いの恵みで赦されている実感をもつ。

客観的レベルで、救い主キリストの内にある、父なる神の愛と憐れみ

を信じる。また、主観的レベルで、私たち人間の貧しさ、惨めさを認め、そのうえで道であり、真理であり、命であるキリストに希望をかけることである。

＊罪意識について

まず、罪意識が必要である。恥意識だけでは足りない。現代には罪意識のセンスがない。罪の生活とは、反「原理と基礎」（霊操 23）の状態である。

今日は「悔い改めの心（penthos）」の恵みを願おう。
「今悲しんでいる人々は幸いである」（マタイ 5 ： 4）。
「良い悲しみ（penthos）」と「良くない悲しみ（lupe）（自己中心的な悲哀や自己憐憫）」は相反するものである。

罪の歴史の中に入っていることを意識する。個人的に、社会的に「悪の神秘」に対する「憐みの神秘」が私たちのうちに働いている。

＊罪に対する第 1 霊操 （霊操 50 - 54）

救いの歴史における三つの罪について黙想する。中心はキリストとの三つの対話である（霊操 53）。
1）自分がキリストのためにしてきたこと（過去）。
2）キリストのためにしていること（現在）。
3）キリストのためになすべきこと（未来）。

3．祈りの箇所

＊聖書の箇所

2 ペトロ 2 ： 4 - 22　地獄に閉じ込められた天使たちの罪は、「傲慢」であった。私たちも精神的存在として、天使たちと同じ特徴をもっている。

創世記 3：1–24　アダムとエバの罪。選定をする──神の掟を守るのか、自我のプライドに従うのか。すべての罪は、この世に在る神殿（大自然・女性・子どもなど）を汚すことである。

ルカ 16：19–31　人の罪は、神のみ言葉を果たさないで、他人を隣人として見ないこと（癖になってしまう）。

ローマ 5：12–21　アダム一人の罪によって死が入り込んだように、一人のキリストの十字架の贖いによって神の恵みが注がれ、すべての人が義とされて命を得る。

詩編 51　罪の国から恩恵の国へ。「神よ、わたしの内に清い心を創造し、新しく確かな霊を授けてください」（barah はゼロから造ること）。

＊ケンピス『キリストにならう』
第 1 巻 第 21 章　心の痛悔

＊物語　「クモの巣のたて糸」（『たとえ話で祈る』pp. 26〜28 より）
　私たちは糸で神と結ばれている。罪によって切るならば、神は改めて結んでくださる。

　小さなクモがせわしなく動いては、木の上から、巣をかける場所を探していたが、とうとう木の根っこのそばにある茂みを選んだ。低い枝にしっかり太い糸を固定して、するすると降りると、下がった糸のところからてきぱきと働いて、巣を織り始めた。

　骨折って働いたかいあって、美しい網ができ上がった。住まい兼、獲物を捕らえるわなである。

　クモがそのできばえに満足したのも無理はない。レースのように織ら

れたその巣は、夜明けなど、朝露がかかり、太陽の光を受けて虹色に輝くのだ。クモご自慢の作品だった。

　ある嵐の日、クモの巣は強い風にあおられ、深刻な被害を受けた。風がおさまると、さっそく破損箇所の修理にかかり、隅をよく留め、切れた糸は張り直した。

　もうでき上がろうかという時に、高いところにまでつながる、古くて太い糸が目についた。この糸がどうしてここにあるのか、クモはふに落ちなかった。美しい巣を眺めてみたが、どうも必要はなさそうなのだ。そこで糸を切ることにした。そのとたん、大事な支えの糸をなくした巣は、クモの上に網のように落ちかかり、自慢の織物は死に装束と化したのだった。

＊歴史を忘れた人間は、自らの存在の源が神にあることを知らない。

＊**象徴**　「回り道」清めの道
　　　アダムとエバが歩いた道と神の民が歩んだ道。

＊**ミサ**　「紫」
祈願●「回心、神の赦し」、第一●ローマ3：21 – 26、福音●ルカ18：9 – 14、聖歌●入祭：典62①、答唱：典6①②⑤、アレルヤ：典268（5B）、感謝：典205。閉祭：指定なし。

「蛇行する川、ロシア上空からの景観」

第5日 「いやしの日」

1. 祈り　「霊的自由」
（聖ピェール・ファーヴル，S. J. 1506 ～ 1546）

主よ、切に願い求めます。
主よ、あなたと私の間を隔てるものをすべて取り除いてください。
主の御目にかなわないもの、指導をはねつける自我、
戒めを受け取らない心、
あなたの諭し、語りかけを拒む自我、
好意と愛とを受けつけぬ頑なさ、
これらを取り除いてください。
主よ、私から一切の悪の根を引き抜いてください。
あなたを見る、聞く、味わう、嗅ぐ、触れるのを妨げる悪の力を、
主を畏敬し、常に主を心に留める祈りを妨げる敵の力を。
主よ、あなたを知り、あなたに委ね、
あなたを愛し、あなたをしっかりとつかませてください。
いつもあなたの現存を意識し、ゆるされる限り、
あなたを喜び味わいたいのです。
これが私の願いです。
主よ、切に切にあなたに願い求めます。アーメン。

2. 考察の要点

*いやしの恵み

イエスは心の医者（1ペトロ1：18-19）。新約聖書において、その
うちの20%は「いやし」について書かれている。
旧約聖書の中のいやし：（エゼキエル36：26）「わたしはお前たちに
新しい心を与え…石の心を取り除き、肉の心を与える」。

内的苦しみのいやし：困難、緊張、悲しみ、傷、問題の根、欲求、無意識的な欲望などからの解放を求めよう。

＊主に次の三つの分野でいやされるように願う
1）心をいやす：神との一致への発展を妨げる感情、情緒をいやす。
2）傾向、癖や習慣からの解放：自分の一番罪深い根を抜く。
3）思い出のいやし：恥、憎しみ、怒り、不安など。そこに戻って、主イエスにその思い出の傷と意味をいやしていただくように願う。

＊いやしの条件
1）信仰（主イエスの力と憐れみを信じる）。
2）痛悔（謙遜に神に立ち帰る）。
3）個人を赦す（怒りと憎しみを手放す）。
4）神のおゆるしになる病気・事故・失敗・災いを受け入れる…主の愛に委ねる心。

＊罪に関する第2霊操（霊操 55 – 61）
1）自分は何が好きか、何が嫌いか…自分の罪の歴史を謙遜に主に話そう。
2）神の属性と、それとは逆の自分の特性を比べる（霊操 59）。
3）コスモスとの連帯性：被造物の仲介を感謝する（霊操 60）。

3. 祈りの箇所

＊聖書の箇所
マルコ 7：14 – 23　心から出るものが人を汚す。私の心から何が出るか？
ローマ 7：14 – 25　自分の中にある罪をパウロは認めている。善と悪との内的な戦いがある。
黙示録 2：4 – 5　初めのころの愛に戻りなさい。3：1 – 3 「目を

覚ませ。悔い改めよ」。3：14－22「なまぬるいので、私はあなたを
口から吐き出そうとしている」。
マタイ8：1－4と8：16－17　イエスは多くの病人をいやす。
詩編130　深い淵の底から祈る。

＊反復：今までの霊操と聖書の箇所を新たに祈る。慰めか荒み、また
は霊的感動を深く感じたところは…？

＊ケンピス『キリストにならう』
第3巻 第20章　自分の弱さと、この世のみじめさを告白する

＊物語　「『ユダ』のモデル」（『たとえ話で祈る』pp. 35～37 より）

　　レオナルド・ダ・ヴィンチが、「最後の晩餐」を描いていた時の逸
話である。レオナルドは、ピェトリ・バンディネッリという魅力的な
青年を、キリストのモデルに選んだ。
　　絵の完成には何年もかかった。ユダの部分が最後に残り、レオナル
ドはあちこちの酒場や町のいかがわしい地区を、「ユダ」のモデルを
探して歩いた。
　　彼は画家特有の鋭い洞察に満ちた目で、ユダの人となりを表わすに
ぴったりの人物を物色した。
　　そしてついに、退廃的で放蕩が顔つきににじみ出た感じの、どこか
ら見てもモデルとして完璧な男を見つけた。絵を描き始めてしばらく
したころ、レオナルドはどうもその男に見覚えがあるように思われた
ので、どこかであったことがあるか、と尋ねた。
　　「ええ、会いましたよ。あれからこっちも、いろいろありましてね」。
　　男はバンディネッリと名乗った。もう何年も前にキリストのモデル
をした…と。

　　＊聖人か罪人か。この逸話は逆もまた真なり。「昨日のユダ」が「今

日のキリスト」にもなる。つまるところ、聖人も、イエス・キリストに救われ、聖とされるのだから。

*象徴　「ひまわりの花」ひまわりの花がいつも太陽に向いているように、いやしを得るために心はいつもイエスの方を向く（回心）。

*赦しの秘跡（霊操44abc）：三つの告白
　1）賛美の告白：主からいただいた沢山の恵みを思い出して。
　2）人生の告白：私の足りなさ、悪い答え、根本的問題、罪の根。
　3）信仰の告白：赦しは私の力（自力、決心）によるのではなく、主の憐れみによる。
　　十字架の主が流された血によって洗われ、贖われた。

*アニマ・クリスティを唱えよう（p. 36）

*霊操の付則（霊操73 – 90）：霊操の体験のための助けとして
　1）祈りについて（73 – 77）。
　2）目的のための助言（78 – 90）。
　3）外的苦行：食べ物、睡眠（83 – 86）。
　4）内的苦行：罪を痛悔し、罪を犯さないことを決心する（82）。

5）苦行の目的：償いのため、自己征服のため、誘惑に勝つ力を得る
　　ため、ある恵みを得るため、キリストの受難を分かち合うため
　　（87）。

＊究明　一般究明（霊操 43）と意識の究明…

＊ミサ　「緑」
　祈願●「真理の光のうちに歩む」、第一●エゼキエル 36：25 – 32、
　福音 ●マタイ 9：1 – 8（中風の人）、聖歌●入祭：典 117 ① ②、答唱：
　典 93 ③ ④ ⑦、アレルヤ：典 268（3 A）、感謝：典 213、閉祭：
　典 118 ③ ④。

「ひまわり、アンダルシアにて」

第**6**日「終末の日」

1. 祈り 「アニマ・クリスティ」
(キリストの魂)

キリストの魂、私を聖化し、

キリストの体、私を救い、

キリストの血、私を酔わせ、

キリストの脇腹から流れ出た水、私を清め、

キリストの受難、私を強めてください。

いつくしみ深いイエスよ、

私の祈りを聴きいれてください。

あなたの傷のうちに私をつつみ、

あなたから離れることのないようにしてください。

悪魔のわなから私を守り、

臨終のときに私を招き、

みもとに引き寄せてください。

すべての聖人とともに、いつまでもあなたを、

ほめたたえることができますように。

アーメン。

2. 考察の要点

*目的
死・審判・地獄の事実を黙想することによって、より深い回心をする。

1）改心：罪から離れる。

2）回心：キリストの価値観へ心を向ける。

3）開心：主と隣人に完全に心を開く。

＊回心の三つのレベル

1）子どもの良心と回心：「報い」と「罰」によって自分の行いを決める（外的な判断）。

2）大人の良心と回心：理性に基づいて、とるべき態度を考慮する。

3）聖人の良心と回心：主との人格的出会いによって変えられ、主イエスの心をまとう。

＊三つの恵みを願う（霊操63）

仲介者たちの段階と道：マリアからイエスへ、イエスから天の父へ、とりなしを願う。自分の貧しさを悟り、聖母、御子、御父へ、繰り返し願う祈りである。

三つの恵み

1）自分の罪を悟る。

2）無秩序を改善するため、自分の愛着を悟る。

3）空しいものを遠ざけるため、世俗的世界（消費文明）を知る。調和を願い、楽園の状態に戻り、統合へと向かう。

＊霊の識別の規定（霊操313 – 327）

目的：心の動きを見分ける（313）。

対立している二つの霊のはたらきがある（314、315）。

1）慰め（316）：慰めの時に勧められることは、荒みが来る時の準備をしておくこと（323）、謙遜になるように努めること（324）である。

2）荒み（317）：荒みの時に勧められることは、決心を変えないこと（318）、抵抗し、戦うこと（319）、動機付けによって、自分を励ますこと（320、324）、忍耐すること（321）である。

荒みの原因（322）

①霊的な務めに対するなまぬるさ。

②慰めや恵みがなくても、奉仕と賛美に励むことができるか、試みられている。

③すべては主からの恵みと賜物であることの悟りと知識を与えるため。

＊敵の作戦：弱い者に対して強い（325）、内密にしようとする（326）、弱いところを攻撃する（327）。

3. 祈りの箇所

＊聖書の箇所

<u>霊操63</u>と<u>１ヨハネ２：12-17</u>　三つの恵みと世の三つの欲。

<u>ルカ12：13-21</u>　「愚かな金持ち」の死。

<u>マタイ25：31-46</u>　最後の審判。「人生の夕べには愛についてさばかれるであろう」（十字架の聖ヨハネ）。

<u>マルコ９：43-48</u>と<u>霊操65-71</u>　地獄の黙想（五つの要点を五官を使って）。

<u>詩編19：10-13</u>　「主への畏れは清く…」。

＊ケンピス『キリストにならう』

第１巻 第23・24章　死を黙想する・罪人の審判と罰

＊物語　「アイルランド人、審判へ」
（『たとえ話で祈る』pp. 48～51より）

「微笑みの教皇」と呼ばれ、在位一か月で世を去ったヨハネ・パウロ一世が、まだベニスの大司教、アルビノ・ルツィアーニだった頃、『素晴らしい人々』という本を著している。その中に、次のような話がある。

あるアイルランド人が突然の死を迎え、天の審判の場に出廷した。彼は非常に不安だった。何しろ、人生の総決算はどう見ても赤字だったからだ。列が長かったので、待っている間に、審判の様子を注意深

く見守り、耳をそばだてていた。

　膨大なファイルを調べると、キリストは初めの人にこう告げられた。
「私が飢えていた時に、あなたは食べ物をくれた。よろしい。天国
に入りなさい」。

　次の人に、また言われた。

「私が渇いていた時に、あなたは飲み物をくれた」。

　三番目の人にはこう言われた。

「私が牢獄にいた時、あなたは訪ねてくれた」。

　こうして次々と審判が進んだ。天国に入れられた人々の行いをアイ
ルランド人は、いちいち自分に当てはめてみた。不安はよけい募って
きた。人に食べ物を与えたこともなければ、飲み物を与えたこともな
い。囚人も病人も見舞ったことはなかった。

　やがて彼の番になった。キリストがファイルをめくられるのを見な
がら、震えて待っていた。さて、ところが、キリストは目を上げて言
われた。

「あまり記録はないね。それでも、私が悲しく、落ち込み、参って
いた時、あなたはやって来ては、冗談を言って笑わせ、おかげで私は
元気が出た。天国へ行きなさい」。

＊愛から出た行いであれば、たとえば
　「ユーモアのセンス」であれ、キリスト
　は見逃されることはない。アイルランド
　人は、周囲を引き立たせるので有名だ。

＊**象徴**　墓

＊**ミサ**　「白か黒」
祈願●「死者のための祈り」、第一●ヤコブ1：13 - 18、福音●マタ
イ25：31 - 46（審判）、聖歌●入祭：典11① ③、答唱：典123①
② ④、アレルヤ：典275②、閉祭：典400① ②。

第7日「憐れみの日」

1. 祈り 「このように私たちは祈ります」
（カルタゴのキプリアヌス　200 ～ 258）

倒れた人々のために私たちは祈ります。
彼らが再起しますように。
耐え忍ぶ人々のために祈ります。
彼らが試練において屈しませんように。
倒れた人々のために祈ります。
彼らが罪の重さを認めて、
永遠の救いの必要性を受け入れますように。
罪人たちに認められた赦しが有効であり、
和解をもたらしますように祈ります。
彼らが自分たちの過ちを認めて
忍耐して待ちますように。
共同体のもろさをかき乱しませんように。

2. 考察の要点

＊主の憐れみの特徴
1）罪人への神の愛である。
2）愛の第二の名前である。アダムとエバへの愛。楽園から追放された後にも愛する。
3）創造する愛である。人々の中に愛がないとき、新たに造ってくださる。
4）正義を超える愛である。正義は各々にふさわしいものを与えるが、憐れみは不正をする罪人も愛する。

５）父と母の愛である。Hesed（父の愛）、Rahamim（母の愛）。

６）過ぎ越しの神秘に現れる愛である。十字架、貫かれたみ心。

＊今日祈るのは、「主にいやされるのをゆるすこと」である。

＊第二週に進むための準備ができているしるし

１）神の憐れみを感じた体験がある。

２）贖い主に応えたいという心をもっている。「これから主イエスのために何をすべきか」と、真剣に考えている。

３）自分を顧みると苦しかったが、もっと自由になった。

４）平和のうちに自分が罪人であることを認め、謙遜な心で主に信頼している。

３．祈りの箇所

＊聖書の箇所

ルカ7：36−50　罪を赦された女の感謝の涙。

ルカ15：1−10　見失った一匹の羊と無くした一枚の銀貨のたとえ話。

ルカ15：11−32　放蕩息子のたとえ話。

ルカ19：1−10　徴税人ザアカイの救い。

詩編32　罪が赦された者の感謝と喜び。

＊イエスのみ名の祈り

「主イエス・キリスト、神の子よ、罪人である私を憐れんでください」。

＊ケンピス『キリストにならう』

第２巻 第６章　正しい良心の喜び

＊物語　「トロイのヘレナ」（『たとえ話で祈る』pp. 56 ～ 58 より）

トロイのヘレナの話である。伝説によれば、この美貌の女王は捕虜として異国に連れ去られ、過去の記憶を失くし、ついには街娼に身を落としてしまった。ヘレナという名も、王家の血を受け継いでいることも忘れていた。しかし、遠い故国の友人たちは、彼女がいつか帰ってくるという希望を捨てなかった。なかでも、幼い頃からヘレナを知っていたある若者は、ヘレナが生きていると信じ、きっと見つけ出そうと心に決して旅立った。

　ある日、裏通りを歩いていた彼は、家畜の水飲み場を通りかかった。するとそこに、ぼろをまとい、生活の苦労を顔に深く刻んだみすぼらしい女がいるのが見えた。ところがその顔には、どこか見覚えがある。そこで、近づいて尋ねてみた。

　「名は何というのだ」。

　彼女は名を言ったが、知った名ではなかった。彼はもう一度話しかけた。

　「手を見せてくれないか」。

　彼女が手を差し出すと、若者は驚いて声を上げた。

　「あなたはヘレナ。ヘレナですね。私を覚えていませんか」。

　ヘレナは驚いて若者を見つめた。「ヘレナ」と若者が叫んだその瞬間に、まるで、霧が晴れたように記憶がよみがえり、失われていた自分を取り戻したヘレナの顔に、内なる光がさし出でた。幼なじみの若

者に手をさしのべた彼女は、もう生まれながらの女王ヘレナであった。

＊憐れみの神は、同じように私たちを探しておられる。できる限りの手を尽くし、私たちが神の前に大事な存在であると、心に刻みつけるために。

＊疑悩についての注意（霊操 345 − 351）
（疑悩：罪に陥っているか疑い悩むこと）

本当の疑悩でないもの：「思い過ごし」（346）
敵がもたらす本当の疑悩（347）
1）その特徴：不安、闇の中にいる、荒み。感受性のある魂を攻める。
2）その治療：指導者に心を開き、信頼し、従う。謙遜、忍耐をもって神に委ねる。疑悩に対して強い態度をもって正反対に行動する（agere contra！ 反対にしなさい、自分に打ち勝ちなさい）。

＊象徴　良き牧者と羊

＊ミサ　「白」
祈願●「神の子の自由と喜び」、第一●エフェソ 4：17 - 24、福音●ルカ 15：1 - 10、聖歌●入祭：典 172 ① ④、答唱：典 123 ① ② ④、アレルヤ：典 264　第4主日、感謝：典 213、閉祭：典 404。

「放蕩息子の帰還」

第8日 「寛大さの日」 (休みの日)

1. 祈り 「キリストはおられる」
(アイルランドの聖パトリックのロリカ
Lorica of Saint Patrick 387 ～ 461)

キリストは私と共におられる。
キリストは私の前におられる。
キリストはおられる。
私の後ろ、私の中に。
私の下、私の上、
私の右、私の左に。
キリストはおられる。
私が横たわるところ、
座るところ、起きるところに。
私を思うすべての人の心の中、
私と話すすべての人の心の中に。
私を見るすべての目の中、
私の声を聞くすべての耳の中に。
救いは主に、救いはキリストのうちに。
主よ、あなたの救いを私たちと共にいつまでも。アーメン。

2. 考察の要点

*キリストの国の特徴 (霊操 91 – 99)
第一週から第二週へ至る橋渡しである。休みの日に、朝と晩に観想する助けになる。
「原理と基礎」(霊操 23) では、理性によって主に仕えることを目指す。
一方、「み国」は「愛」によって築く。感謝を込めて「キリストのために、

これから何をすれば良いだろうか」と問う。その答えは、キリストの呼びかけに寛大さをもって応えることである。

3. 祈りの箇所

*霊操
キリストの国（霊操 91 – 96）：永遠の王

*聖書の箇所
ルカ 10：25 – 37　聖アウグスティヌスの説明では、善きサマリア人はキリストである！ 半殺しにされた旅人は人間の代表者（私かあなたか）。祭司は旧約の司祭職であるが、動物の血では真に清められることはない。レビ人は律法を知っているだけで、行う力になっていない。善きサマリア人は油とぶどう酒を注いだ。これはイエスの秘跡の象徴である。宿屋は教会である。

*ケンピス『キリストにならう』
第2巻 第7・8章　すべてを超えてイエスを愛する・イエスとの親しい友情

*物語　「麦の粒」（『たとえ話で祈る』pp. 62〜64 より）

　私は村の道を歩いていた。門ごとに物乞いをして。その時だ。あなたの金の馬車がまるで夢のように、はるかに姿を見せたのは。私は驚き、あの王はいったい誰だろうと自問した。
　私は期待のあまりに天にも昇る心地で、もう苦しい生活は終わると考えた。そして、施しと金銀が振りまかれるのを胸を躍らせて待っていた。
　馬車はそばに止まった。あなたは私をみて、ほほえみを浮かべて馬車から降りられた。ついに人生の幸せというものがやってきた、と私は感じた。ところが、あなたは右手をさしのべ、こう言われた。

「何か私にくれるものはあるか」。

　おやまあ、何てことだ！ 物乞いに物を乞うとは。私はまごつき、うろたえた。それからやっと、袋の中の麦の粒を取り出し、あなたに渡した。

　夕方になり、袋の中身をあけたところが、がらくたの山の中に金のかけらを見つけた。その時の私の驚きといったら。

　あなたに私のすべてを差し上げる心を持たなかったことを、どんなに悔やんで泣いたことか。
（タゴール、『ギタンジャリ』より）

＊象徴　善きサマリア人

＊ミサ　「緑」
祈願●「神の国の完成」、第一●エフェソ1：3 - 14（救い主への感謝）、福音●マルコ3：13 - 19（主と共に）、聖歌●入祭：典174 ① ③、答唱：典150 ① ③、アレルヤ：典271（6 A）、感謝：典216。閉祭：指定なし。

「ティベリア地方から見たガリラヤ湖」
ミカエル・モイズィキェヴィチ撮影
電子写真集『聖書の世界−イエスの道』より

第2週　第9日「ご託身とご降誕の日」

1. 祈り　「神の御母」

（レオンス・ド・グランメゾン，S. J. 1868〜1927
17才で修練者だった時の祈り）

神の御母、聖マリアよ、
幼子の心を保たせてください。
泉のように清く澄み切った心、
寂しさにもくじけぬ心、
惜しげもなく自分を与えて微笑む心、
同情に満ちたやさしい心、
憎むことなく思いやりのある心、
誠実で穏やかな心、愛を惜しまず同情を求めない心、
柔和にして謙遜な心、御子イエスの栄光のために、
すべてを快くゆずる心、
忘恩冷淡にも気落ちせず、
おおらかで強い心、
イエスの愛に燃え、
その愛に渇く心、
永遠の天国を仰ぎ慕う心を
聖母よ、
私たちに与えてください。

2. 考察の要点

＊信仰の本質

キリスト教は道徳的な教えではなく、人格としてのキリストと出会い、
キリストの道を歩むことである。

今まで、私たちは霊操の第一段階を祈ってきた。

第一段階「信仰のビジョン」(phase of explicitation)：原理と基礎。人間は神から出て神へ戻る存在である。悪の神秘と憐れみの神秘。私たちは、贖い主キリストの愛によって和解の恵みをいただき、キリストの招きを受けた。「わたしに従いなさい」。

私たちはこれらをどのように信仰をもって受け入れているか。

これから、第二週から第四週までの第二段階に入る。

第二段階「キリストとの同一化」(phase of assimilation)：前の段階が自分のものになるために、ここではキリストの力と恵みによって、キリストに倣うことが必要になる。第一段階では、キリストを造り主、救い主、審判者として見たが、第二段階ではキリストは永遠の王、受肉されたみ言葉、謙遜なしもべ、私たちの模範、教会の頭として見る。

* **「内的に知る」**（conocimiento interno）（霊操 104）

これは一番大切な恵みである。キリストと出会い、体験し、親しむことによって私たちは成長する。「知る」(gignosko)から「直感的に知る」(oida) へ。

3. 祈りの箇所

*霊操

主のご託身（霊操 101 – 109）　三つの舞台（地上の人々、天国の三位一体の神、ナザレのマリア）を見る。最後に自分に目を向ける。目で見、耳で聞く。心のうちに何を感じたか…人々との連帯性、神の愛、憐れみ…など。

主のご誕生（霊操 110 – 117）　もっと親しく人物を観想するために、自分も小さいしもべとして手伝う。十字架の影も見る（霊操 116）。

ルカ 2：1 – 21　ベツレヘムの神秘。

*反復

「魂の五官活用」視覚、聴覚、嗅覚、味覚、触覚（霊操 121 – 126）：

この祈り方は「神秘家の祈り」か「単純な人の祈り」であろう。

五官を使うのはヨハネ福音史家から始まった祈り方である（１ヨハネ１：１－４）。オリゲネス教父からの影響がある。「長い間黙想と観想をした人は、何でも深い感受性で味わうでしょう…」。

「受胎告知」

＊聖書の箇所

ルカ１：26－38　マリアへのお告げ。

ヨハネ１：１－18　言は肉となって私たちの間に宿られた…。

詩編131　ご誕生の詩。母は神、子は人。または、母はマリア、子はイエスである。

「霊的生活の目的は、魂の深みに神が誕生することである」（マイスター・エックハルト 1260 ～ 1327）。

＊ケンピス『キリストにならう』

第3巻　第18章　地上の患難を、キリストの模範に従って平静に耐え忍ぶ

＊物語　「スイカ退治」（『たとえ話で祈る』pp. 87～ 89 より）

スーフィーにこんな話がある。

昔々、ある男が国を出て、あちこち放浪した末、愚か者の国というところに行き着いた。ほどなく、麦の刈り入れに出かけていた人々が、畑からほうほうの体で逃げ帰ってきたのに出くわした。

「畑に化け物がいる」と彼らは口々に言った。

行ってみると、なんとスイカのことだった。彼は「化け物」退治を買って出た。そして、スイカを茎から切り取ると、真っ二つにし、食

べ始めた。ところが、人々はそれま
でスイカを恐れていたのにも増して、
彼を怖がりだした。

「追い払わないことには、次は私た
ちを殺すに決まってる」と彼らは言
い合った。

そこで、手に手に棒やすきを振り
かざして、彼を追い払った。

しばらくして、愚か者の国に別の
男がやって来た。そして、前とまっ
たく同じことが起こった。しかし、
今度の男は、「化け物」退治を申し出るかわりに、化け物は危険だと
皆と話し合い、慎重にその場所から退去することで、彼らの信頼を勝
ち得た。男は何年も彼らと共に住み、徐々に肝心なことを納得させて
いった。そうして、スイカへの恐れを解消するばかりか、スイカの栽
培にまで導いたのだ。

＊イエスはナザレ村での三十年の隠れ
た生活の間に、私たちと悲しみも喜
びも共にされた。私たちの一人とし
て、共にあって仕える生き方。

＊**象徴**　ベツレヘム教会の狭い戸

＊ミサ　「白」
祈願●「神のお告げのミサ」、第一●
ヘブライ 1：4 – 10、福音●ルカ 1：
26 – 38、聖歌●入祭：典 38 ② ③、答唱：
典 74 ① ②、アレルヤ：典 262　神のお告げ、感謝：典 209、閉祭：
カ 103 ① ②。

「ご降誕」

第10日「主の奉献の日」

1. 祈り　「主よ、あなたの恵みの道具としてください」（無名）

主よ、私をあなたの恵みの道具としてください！
無知のあるところに、霊感を、
弱さのあるところに、力を、
醜さのあるところに、美を、
悲しみのあるところに、喜びを、
恐れのあるところに、勇気を、
疑いのあるところに、信仰を、
憎しみのあるところに、愛を
もたらすものとしてください。
主よ、あなたの真理で私の理性を満たしてください！
あなたの愛によって私の心に、
あなたの霊によって私の存在に、
自我を忘れるという、最高の賜物を与えてください！
隣人への奉仕のために、
あなたの使命が私の使命となるように！

2. 考察の要点

＊観想の態度

自分を変貌させる「キリストへと至る観想」を得るためには、人間の努力ではなく、慎み深い心で、従順に自分自身を委ねる態度が必要である。「神の学校」に自分を任せる。「切に願う恵み」はこれを表している。自分が乞食であるがごとく、神の恵みを乞い願う態度である。この場合、恵みを「理性」（知る、悟ること）と「意志」（愛すること）の二つのレベルで願う。

＊イエスの生涯の神秘 (Mysteria, Sacramenta Vitae Christi)

聖イグナチオの回心は、病床で『キリストの生涯』を読んでから始まった。回復するまで彼は、読んでいた本から、キリストの言葉を赤インクで、聖母マリアの言葉を青インクでノートに抜き書きし、福音に親しんだ。

人間の救いの歴史の頂点は、み言葉が肉になった時である。「時が満ちた…」。聖イグナチオはキリストの生涯の各神秘を、観想しながら（目で、耳で、心で）祈ることを勧め、キリストの人生に対する根本的な態度を学ぶことを望んだ。それは、行いに現れる、生き生きとした信仰のうちに成長するためである。聖イグナチオの心をよく知っていたナダル神父は、その態度を次の言葉にまとめた。「聖霊によって、心で味わい、実践するために」(spiritu, corde, practice)。

3. 祈りの箇所

＊聖書の箇所

マタイ 2：1-12　三人の博士が黄金（愛）、乳香（祈り）、没薬（犠牲）の入った宝箱を捧げる（霊操 267）。

ルカ 2：22-39　主の奉献とマリアの清め（霊操 268）。

マタイ 2：13-23　エジプトに逃れる。子どもたちの殉教（霊操 269）。

ヘブライ 10：5-10　自分を捧げる。

2 コリント 8：9　主は富んでいたのに貧しくなられた。

詩編 84　自己奉献。

＊ケンピス『キリストにならう』

第4巻 第8・9章　十字架上のいけにえと、キリストへの自己の奉献・自分と自分のすべてを神に献げ、すべての人のために祈る

＊**物語** 「塩の人形」（『たとえ話で祈る』pp. 132 ～ 135 より）

カールした髪、黒いガラス玉の目、ぴんとそった体。見たところ、それは普通の人形だったが、実は塩でできていた。塩でできた小さな心は不思議な遠い声をいつも聞いていた。その声は、あるときは、砂浜に寄せては返す波の音のようであり、またあるときは、断崖に砕け散る大海の波のとどろきのようだった。

それは塩の人形を呼んでいた。やむことのない呼び声だった。そしてある日、呼び声を求めて、人形は旅立った。

途中、泉に出会った。しかし、泉はただ、人形の姿を水面に映すばかりだった。つぎに見たのは、とうとうと流れる大きな川だ。人形は、これが私の探していたものかしら、と考えたが、それは渇いた者の見る幻に過ぎなかった。歩き続けると、沼があったが、水はよどみ、だんだん激しくなる人形の渇きをいやしてはくれなかった。

ある朝、人形はついに海に出た。波がしぶきをあげてうち寄せていた。これまでに見たこともない、力強く、美しく広いもの。人形は目のくらむ思いでたたずんだ。ふと、一つの問いが口をついて出た。

「私を呼ぶあなたは誰ですか」。

「すぐわかるよ。さぁ、中に入ってごらん」。

その声に引き寄せられるように、波打ち際に足を踏み入れると、突然、妙な感じにとらわれた。ふと見ると、足がない。さらに中に入っていくほどに、人形は、少しずつ、自分がなくなっていくのを感じた。それは、心地好いと同時に、苦しくもある体験だった。人形は、もう一度尋ねた。

「ねぇ、あなたは誰なのですか」。

　と、大きな波がおおいかぶさり、人形をすっかり溶かしてしまった。体が波に溶けたと感じた、その時だった。幸せな思いに満たされ、人形は思わず喜びの声を上げた。

　「私が誰なのか、今こそわかったわ」。

＊ガラテヤ2：20　「生きているのは、もはや私ではありません。キリストが私の内に生きておられるのです」。

＊**象徴**　イエスの足元で自分の宝箱を開く

＊ミサ　「白」
　祈願●「主の奉献」、第一●ヘブライ 10：5 – 10、福音●ルカ 2：22 – 39、聖歌●入祭：典 158 ③ ④、答唱：典 102 ① ② ⑤、アレルヤ：典 258　主の奉献、感謝：典 209。閉祭：指定なし。

「マギの礼拝」

第11日「ナザレの日」

1. 祈り 「家庭についてのシノドスのための祈り」

　　　　　　（教皇フランシスコ 2013年）

イエス、マリア、ヨセフよ、
まことの愛の素晴らしさをあなたの家庭に見いだし、
私たちは信頼をもってみもとに向かいます。

ナザレの聖家族よ、
私たちの家庭も、親しく交わる
場所、祈りの場所であるように、
福音を正しく伝える、小さな家
庭の教会であるようにしてくだ
さい。

ナザレの聖家族よ、
家庭の中で暴力を受けたり、
拒絶されたり、分裂することが、
もう二度と起こりませんように。
傷ついたり、ひどい仕打ちを受けたすべての人々が
慰められ、癒されますように。

ナザレの聖家族よ、
もうすぐ始まるシノドスによって
家庭が聖なるものであり、汚されてはならないものであることに、
そして、その神のご計画の美しさに、
私たちがもっと気づくことができますように。

イエス、マリア、ヨセフよ、
どうか慈しみをもって私たちの祈りをお聞きください。

2．考察の要点

＊エリクソンによる人格成長の八段階 (E. H. Erikson)
1）「信頼感」対「不安」：母性
2）「自律性」対「恥、疑い」：父性
3）「自発性」対「罪意識」：家族
4）「勤勉性」対「劣等感」：近隣・学校
5）「自己意識『アイデンティティ』」対「役割混乱」：同輩集団、外集団
6）「親密性」対「孤独」：友情
7）「生産」対「停滞」：労働
8）「自我同一性・自己統合『インテグリティ』」対「絶望」：社会、人類
イエスはナザレでこの八段階の道を歩んだ。

＊聖家族
共同体の模範。オリゲネスは聖家族を「小さい教会」（神秘体）と呼ぶ。
イエス・マリア・ヨセフの三人は、子、妻と母、夫と父として、違いがある中で、互いを受け入れ、補い、分かち合っていた。

＊ナザレ生活の教え（聖パウロ6世）
1）従順：三人とも従順だった。一番偉大な人（子イエス）は一番下にいる。
2）祈りと沈黙：一緒に神を賛美していた。沈黙は神のみ言葉を聴くため。
3）働く共同体：働きに意味を与える。神のみ旨を果たし、神のより大きな栄光のために働く。大工の仕事、マリアの家の仕事など。

4）話し合う共同体：マリアはイエスに、イエスはヨセフとマリアに
　　話した（ルカ2：48 - 49）。
＊三つのＳ① sabiduria（sapientia）：賢明さ
　　　　　② salud（salus）：健康
　　　　　③ santidad（sanctitas）：聖性

3．祈りの箇所

＊聖書の箇所
ルカ2：41 - 50　神のみ旨が第一である。
ルカ2：51 - 52　イエスの30年間の日常生活（隠れた生活）。
観想するマリアは私たちの模範である。
コロサイ3：12 - 21　共同生活の徳。
1コリント12：14 - 27　神秘体の意味。
詩編122　巡礼の歌。主の家に行こう、喜びのうちに。

＊ケンピス『キリストにならう』
第3巻 第13章　イエス・キリストの模範にならう、謙虚なしもべ
の従順

＊物語　「あなたがたの中に救い主が」
　　　　　（『たとえ話で祈る』pp. 90 ～ 93 より）
　　　　　人をありのまま受け入れる。

　隠修士は洞窟で祈っていた。目を開けると、思いがけない客が前に
座っていた。山のふもとの大修道院、「ナザレの聖家族修道院」の院
長だった。
　院長の話というのはわびしい限りだった。昔、彼の修道院は若い志
願者が大勢いて、聖堂には、修道士たちの歌う聖歌が美しいハーモニー
で響いていたものだ。しかし、今は霊的糧を求めて修道院にやってく

る人はいない。山のようにいた若い志願者もいなくなり、わずかに残った修道士の間では、義務を果たすだけのもの悲しいマンネリの生活が目立ち、喜びも互い同士の優しさも思いやりもない。このようなありさまでは、修道院が「ナザレの聖家族」の名を持っているのが、かえって皮肉である、と。

「これほどひどい状態になるとは、いったい私たちはどんな罪を犯したと言うのでしょうか」と院長は尋ねた。

すると聖徳の名も高い隠修士は答えた。

「あんたがたの罪は無知の罪じゃ」。

「で、それはどういう罪ですか」。

「あんたがたの中に救い主がいるのに、それに気づいていないのだからな」。

隠修士は、それだけしか答えなかった。

重い気持ちで修道院に帰る道々、修道院長は不思議な思いにかられて考えた。誰が救い主なのだろう。もしや台所係の修道士かな。香部屋係かな。会計係か。それとも副修道院長だろうか。いや、彼じゃあ、あるまい。あいにくだが、あまりにも欠点が多過ぎる。

修道院に戻ると修道士たちを呼び集め、隠修士に聞いたことを話した。修道士たちは、信じ難いといった様子で顔を見合わせた。救い主がここにいるだって？とんでもない話だ。しかし、もし姿をやつしておられるとしたら、たぶん彼か、それとも…。それからというもの、修道士たちは、お互いに尊敬と愛をもって接するようになった。そして、大修道院は以前の喜びにあふれた雰囲気を取り戻し、若い志願者と美しい聖歌が、また院内に満ち満ちたのである。

*ナザレの家庭にならう、愛の生活を送る。
「あなた方は神に選ばれた者、聖なる者、愛されている者として、思いやりの心、親切、へりくだり、優しさ、広い心を身にまといなさい」（コロサイ3：12）。

＊**象徴**　ナザレの生活の家

＊**ミサ**　「白」
　祈願●「聖家族」、第一●コロサイ 1：1 – 10、福音●ルカ 2：
　41 – 52、聖歌●入祭：カ 292 ① – ③、答唱：典 173 ① ②、アレルヤ：
　典 258　聖家族、感謝：典 216、閉祭：典 381。

「〈サールス・ポプリ・ロマーニ〉の前で祈る
教皇フランシスコ」

第12日「聖イグナチオの日」

1. 祈り　「三つのお願い」
　　　　　　　（チチェスターの聖リチャード　1197 ~ 1253）

主イエス・キリストよ、あなたに感謝します。
あなたが私たちのためにかち得てくださった
すべての恵みのゆえに。
あなたが私たちのために忍んでくださった
すべての痛みと侮辱のゆえに。
いと慈しみ深き贖い主、友、兄弟よ、
日ごとにあなたをより良く知ることができますように。
日ごとにあなたをより深く愛せますように。
日ごとにあなたにより熱心に従っていけますように！

2. 考察の要点

＊三つのテスト
1) 理性のテスト：二つの旗（霊操 136 - 148）
　「イエスの価値観」対「悪魔（ルシファー）の価値観」は、「貧しさ、辱めと蔑み、謙遜」対「富、名誉、高慢」である。これを聖イグナチオは二つの旗（「キリストの旗」対「ルシファーの旗」）にたとえて考えている。聖イグナチオに先立って聖アウグスティヌスは二つの町（「神の町」対「人間の町」）、ヨハネ福音書では「光」対「闇」（ヨハネ1：4）、箴言では二つの道（「昼の道」対「夜の道」）（箴言4：18 - 19）にたとえている。
　どこまで世俗的な考え（悪魔の考え）が私を支配しているか。どこまでイエスの福音の価値が私の内にあり、導いているのか。
　「三つの対話」（マリア、イエス、天の父）（霊操 147）の時に、

少なくとも「辱めと蔑みに対する恐れから自由にしてください」と祈りたい。

2）意志のテスト：三組の人（霊操149 - 157）

第一組の人は死ぬまで何もしない（意志＝0）。

第二組の人は神の他にも、何かに執着して手放さない（意志が弱い）。

第三組の人は神のみ旨だけを求める（意志が強い）。私の意志はどうか？

3）心のテスト：謙遜（愛）の三段階（霊操165 - 168）

第一段階：十戒を守り、大罪がない（義務を果たす）。

第二段階：不偏心をもち、小罪がない（積極的な奉仕）。

第三段階：律法を守ることよりも、キリストだけを求める（人格的な愛）。

3. 祈りの箇所

＊聖書の箇所

マタイ5：1 - 16　イエスの言われた「幸い」は「キリストの旗」の価値観。

マルコ10：17 - 22　金持ちの青年は、意志が弱い、第二組のタイプである。

1コリント1：17 - 31（特に1：23 - 25）　十字架の知恵＝イエスへの愛。

詩編42 - 43　神への希望（近くにいないと思う時にこそ、神は共にいる）。

＊ケンピス『キリストにならう』

第3巻 第54章　肉と恵みとの相反する働き

＊物語 「ダイヤモンド」（『たとえ話で祈る』pp. 32 ～ 34 より）

　一人の巡礼者が、村外れにたどり着き、木の下で野宿の準備を始めた。そこへ突然、村の男が駆けつけてきて、息をはずませながら言った。

「宝石、宝石。宝石をください」。

「いったい何の宝石ですか」と巡礼者は尋ねた。

「先だっての夜、夢で天使のお告げがあったのです。夕暮れに村外れに行けば、巡礼者に会える。その人が私に宝石をくれるから、私は永遠に大金持ちになれると」。

　巡礼者は袋の中をかき回し、石を一つ取り出して、男に差し出した。

「それはたぶん、このことでしょう。二、三日前に森の小道で、見つけたのですが、どうぞ持って行ってください」。

　村の男は石を見て驚いた。なんとダイヤモンドではないか。それも、世界一大きなダイヤモンドに違いなかった。なにしろ握りこぶしほどもあったのだから。

　彼はダイヤモンドを受け取り、村に帰った。しかしその晩、どうにも寝付けず、床の中で寝返りを打つうちに夜が白み始めた。日が昇ると、巡礼者のところに出かけて行き、こう言った。

「あれほど喜んでダイヤモンドを手放せるのだから、あなたはよほどすごい宝をお持ちに違いない。私はその宝の方がほしいのです」。

＊「私の主キリスト・イエスを知ることのあまりのすばらしさに、今では他の一切を損失とみています…」（フィリピ3：7-16）。

＊**象徴**　鯉のぼり

　　青空に風（聖霊）を受けて元気に泳ぐ姿は、悪と闘うかのよう。

＊**ミサ**　「白」

　祈願●「黙想のための恵み」、第一●エフェソ6：10–20、福音●
　マタイ5：1–16、聖歌●入祭：典60①②、答唱：典144①–③,
　⑥–⑧、アレルヤ：典256　週日⑩、感謝：典209。閉祭：指定なし。

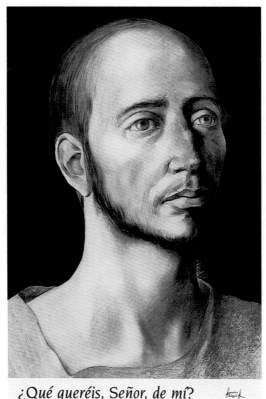

¿Qué queréis, Señor, de mí?

第13日「洗礼の日」

1. 祈り 「聖霊への祈り」

洗礼を授け、私を贖われた聖霊よ、
あなたはいのちと平和をもたらす「鳩」のようです。
あなたは神の民がエジプトから出たとき、
民を導いた「火の柱」のようであり、
砂漠で十戒の箱の幕屋の上にとどまった「雲」のようです。
あなたはイエスがサマリアの女に約束された「生ける水」のよう、
マリアと使徒たちの上に現れた「風と、火の炎」のようです。
あなたは雲の間に現れた「天の父の微笑み」のようです。

2. 考察の要点

*キリストに従う

1）アリストテレスは現象を「四原因説」(causa materialis, causa
formalis, causa creatrix, causa finalis) で説明した。
カントは「私たちが必要とするのは、見倣うべき模範的な人格性
よりも、道徳的な原則である」と言った。
しかし、歴史において、人々は人格者の生きる姿に魅力を感じた。
キルケゴールはアリストテレスの四原因説に「人格的な原因」
(causa personalis) をつけ加えた。

2）弟子たちはイエスから道徳的な影響を受けただけでなく、存在的、
秘跡的、恩恵的な影響を受けていた。イエスの価値観を見倣うよ
りも、イエスの存在に入る。「とどまる」（ヨハネ 15 章）、「キリ
ストの内に」(聖パウロ)。

＊**キリストにならう：三つの要素**
　1）受動的：従順
　2）感情的：愛と親しみ
　3）行動的：使徒職への招きに応える

3. 祈りの箇所

＊**聖書の箇所**
　<u>マタイ3：13</u>　イエスはナザレと母マリアに別れを告げ、ヨルダン川へ。孤独、使命への意識…。
　<u>マタイ3：13-17</u>　イエスの洗礼。心の貧しさ、罪人との連帯性（kenosis）。
　「洗礼はイエスにとって罪の世界への入り口であったが、私たちにとっては罪の世界からの出口である」（エルサレムの聖キュリロス）。
　<u>イザヤ42：1-9</u>　主の僕。第一の歌：イエスは神の子。
　<u>詩編63</u>　渇き。
　<u>ローマ6：1-14</u>　キリストの死にあずかるために洗礼を受けた…（私たちも新しい命に生きるために）。

＊**ケンピス『キリストにならう』**
　第3巻 第3章　神のみことばは、謙虚に聞かなければならない、しかし多くの人はそれを重んじない

＊**物語**　「ギリシャ人と中国人の絵画コンクール」
　　　　　（『たとえ話で祈る』pp. 100〜103 より）

　　何世紀も前のこと、ある王が「絵画コンクール」を開いた。二つのグループが賞を目指して競うことになった。ギリシャ人グループと中国人グループである。王は彼らに、宮殿の大広間を見せた。広い壁の天井の高い間である。そして、一つのグループは右の壁に、それに

向かい合った左の壁にはもう一つのグループに、それぞれ絵を描くようにと言い渡した。ただし、互いにまねし合うことのないように、双方の壁の間を、大きな厚いカーテンで仕切るようにとも命じた。画家たちは、制作中に競争相手の作品を見ることが出来ないわけである。こうして、ギリシャ人の画家たちがまず、仕事に取りかかった。木炭で下絵を描き、赤や青、緑に黄色と鮮やかな色を溶いて、一週間もすると壁画はずいぶんと

はかどった。それは山や滝や木立のある、目の覚めるように美しい風景画だった。一方、中国人の画家たちは、水を一杯に入れた桶と先にへちまをくくりつけた長いさおで、壁を上から下まで、何度も丹念に磨き上げた。一週間が過ぎても、彼らは磨き仕事を続けていた。

　二週間目が終わると、ギリシャ人たちは壁画が完成したと王に知らせた。中国人たちも、やはり仕事が終わったと報告した。王は、驚いて中国人たちに言った。

　「しかし、お前たちは、壁を磨いただけではないか」。

　中国人たちは答えた。

　「陛下、仕切りのカーテンをお取りくださいましたら、私たちの作品をお目にかけましょう」。

　王はコンクールの審査員立ち会いのもとで、仕切りを取り払うように命じた。すると、まず、ギリシャ人たちのすばらしい壁画が目に入った。しかし、次に中国人たちの壁に目をやった人々は、ただうっとりと眺め入った。その鏡のように磨き上げられた壁には、ギリシャ人たちの壁画が映っていたのだ。ただし、実物よりも、はるかに謎めいて

魅力的で非凡だった。結局、中国人グループが満場一致でコンクールに勝ったのである。

　ギリシャ人は人間的努力を表す。中国人は浄化の神秘を表す。浄化の神秘、それは私たちの心の壁を清める洗礼の恵みだ。

＊象徴　ヨルダン川

＊ミサ　「白」

　祈願●「主の洗礼」、第一●ローマ6：1 - 14、福音●マタイ3：13 - 17、聖歌●入祭：典23① ②、答唱：典167① - ③ ⑤、アレルヤ：典258　主の洗礼、感謝：典216。閉祭：指定なし。

「神現祭（主の洗礼）」

第14日「試みの日」

1. 祈り 「主よ、あなたを礼拝します」

貧しい人々に良き知らせを宣べ伝え、
捕らわれた人々に開放を約束し、
圧迫されている人々に自由を与えるイエスよ、
私はあなたを礼拝します！
貧しい者たちの友となり、
飢えている人々に食べ物を与え、
病人を治す医者であるイエスよ、
私はあなたを礼拝します！
人々を圧迫する者を訴え、
素朴な人々に教えを説き、
善を行いながら歩くイエスよ、
私はあなたを礼拝します！
忍耐の師、
優しさの模範、
天の国の預言者、
パンとぶどう酒におられるイエスよ、
私はあなたを礼拝します！

2. 考察の要点

*第二週の霊的識別の規定（霊操 328 – 336）

霊操 328	目的：より深い霊動の識別ができるように…。
霊操 329	第1則：両霊の作戦はどのようなものか。
	善霊は喜びを与え、敵は悲しみと不安を与える。
霊操 335	第7則：両霊の触れ方は、善霊は優しく（しずくが海

綿に入るように)、悪霊は鋭く、騒がしい(しずくが石に落ちるように)。

霊操330　第2則：原因なしの慰めは、神から来るものである。

霊操336　第8則：どのようにして慰めを受け取るべきか。

注意深く(それが続いている間)、善霊からか、悪霊からか、何が加えられているか…見なければならない。

霊操331　第3則：原因がある慰めは善霊からも、悪霊からも、相反する目的で与えられる。

霊操332　第4則：光の天使に変装する悪天使の特徴…。

霊操333　第5則：どのようにして識別するか。

考えの経路によく注意しなければならない。平和を奪ってしまうなら、それは悪霊から来ているものである。

霊操334　第6則：悪霊の変装を見破るために、敵がもたらした良い考えの経路を見て、どのように邪念へと引き寄せたかを検討し、霊動の分析をする。

結論　　感情、情緒、欲求は重要である。feelings を聴く！自分の感じていることを主と指導者に打ち明ける。

3．祈りの箇所

＊聖書の箇所

マタイ4：1－11　イエスの誘惑。その誘惑に対するイエスの態度を模範とする。父への信頼と従順を学び、その恵みを願う。二つの旗を見分け、キリストの旗の方を選べるように…。

ヘブライ2：14－18　イエスは私たちと同じようになられた。

4：15　罪を犯さなかったが、あらゆる点において、私たちと同様に試練に遭われた。

2コリント1：19－22　イエスはいつも御父に「はい」と答えた…。

ルカ4：14－30　イエスはナザレに戻り、ご自分の使命を会堂で人々に告げた。しかし、故郷では受け入れられず、会堂にいた人々はイエ

スを崖から突き落とそうとした。
詩編91　試練と誘惑の時に神に信頼する！

＊ケンピス『キリストにならう』
第3巻 第17・18章　すべての心配を神にゆだねる・地上の患難を、キリストの模範に従って平静に耐え忍ぶ

＊物語　「アフリカの少女とシマウマ」
（『たとえ話で祈る』pp. 108〜110 より）

アフリカの真ん中にあるケニアに行った宣教師の話である。

彼の教会の近くに、地域の子供たちのための小学校があった。ある日、村の司祭であった彼は、質素な学校の教室に集まった子どもたちに、神様の話をするように頼まれた。八才から十二才までの、五十人の元気ないたずらっ子たちだ。

彼はヨーロッパ系の白人だったが、小さな黒い子どもたちのために、こんな質問をした。

「さて、もしもだよ。善い人はいつも黒い色をしていて、悪い人は白い色をしているとすると、君たちは、どっちの色かな」。

教室は、しばらくシーンと、静まりかえった。とうとう、後ろの方にいた十才くらいの女の子が手を上げ、立って質問に答えた。

「私はシマウマのようだと思います。黒と白のしま模様の」。

野生のシマウマの群れが草原で草を食んでいるのを身近に見慣れている少女は、この動物の中に自分の心の様子を見てとったのだった。

「良い子の時に私は良いことをします。その時は黒いです。でも、悪い子の時には、誘惑に負けて悪いことをします。その時は白になります。黒と白。だから私はシマウマみたいに、黒と白のしま模様です」。

＊**象徴**　「砂漠」
　　神の民にとって、砂漠は神との親しみの場であると同時に、誘惑の場である。

＊**ミサ**　「緑」
祈願●「神のみ旨を果たす」、第一●ヘブライ２：14 - 18、福音●マタイ４：1 - 11、聖歌●入祭：典 100 ① ②、答唱：典 129 ① ②、アレルヤ唱：典 261 ⑨（年間アレルヤ唱の旋律で）、感謝：典 220。閉祭：指定なし。

「『誘惑の砂漠』と呼ばれる荒れ野」
ミカエル・モイズィキェヴィチ撮影
電子写真集『聖書の世界-イエスの道』より http://photo-lumiere.com/jesus

第15日 「弟子の日」

1. 祈り 「私たちの中に」
（アレキサンドリアの聖アタナシウス　295 ～ 373）

真理の道は
現実に存在している神に通じている。
この道を知り
誤らずにそれを選ぶためには
私たち自身のほかは
何も必要としてはいない。
とりわけ　神のことが
私たちには気がかりだとするならば
神へと導く道は
私たちの外にでも
私たちから遠いところにでもなく
私たちの中にあるのだ。
信仰は　私たちの心の中にある。
神の国は　私たちの中にある。
私たちは　皆　正しい道の上にいるのだ。
だが　皆が　まっすぐに歩み続けるのではない。
彼らは　生活のさまざまな利害に心ひかれて
道からそれたり　横道を歩くほうを選ぶ。
正しい道とは　私たちの中にある精神（魂）だ。
なぜなら　神を見ることができるのは精神（魂）だから。

2. 考察の要点

＊反復について

<u>霊操 148、159</u>　全体にわたって行う。

<u>霊操 62、118</u>　部分的に行う。慰めか荒み、霊的感動を感じたところに注意し、そこにとどまる。

人間的条件の反復は常に経験している。「かつてあったことは、これからもあり、かつて起こったことは、これからも起こる」（<u>コヘレト 1：9</u>）。毎日太陽が昇り、沈み、季節が巡り、人生においては誕生、成長、死…、また個人的には働く時と休む時、活動的な時と受け身の時、黙する時と語る時…（<u>コヘレト 3：1 - 9</u>）。

霊操の反復は毎日違う。太陽か、雨か、成長…のような機械的な反復ではない。

反復は記憶によって行うもの

・記念の祭としての主の過越（<u>出エジプト 12：14</u>）。
・ミサは記念。「わたしの記念としてこのように行いなさい」
　（<u>ルカ 22：19</u>）。
・神のみ業を忘れてはいけません（<u>詩編 78：7、11</u>）！
・マリアは心に留めて、思い巡らしていた（<u>ルカ 2：19、51</u>）。
・レクティオ・ディヴィナ（lectio divina）み言葉の繰り返し。

＊中世の祈りの階段

1）朗読（lectio）
2）黙想（meditatio）
3）対話・繰り返し（oratio, ruminatio）
4）観想（contemplatio）
5）歓喜（jubilatio）
6）憐れみ（compassio）

キリストの心をいただいて、人々のところへ戻る…。

*第二週の祈り

第二週の祈りは「観想」であり、愛を内的に味わう（霊操2）。聖霊に動かされ（liquefactio）、慰めと荒みの経験をすることによって、自分の内に何が行われているのかが明らかにされ、知識を得る。その意味でこの祈りは将来に向かっての記憶の奉仕と言える。反復の基準は個人的体験である（霊操183、188）。慰めがあるときに観想を味わっている！

3. 祈りの箇所 （霊操275 a. b.）

*聖書の箇所

ヨハネ1：33-51　最初の弟子たちとイエスの名…。
ルカ5：1-11　ペトロの召し出し。人間をとる漁師となる。
マルコ3：14　イエスはご自分のそばに置くため、また派遣して宣教させるために十二人を任命した。
マタイ10：1-14　派遣のための説教。「ただで受けたのだから、ただで与えなさい」。袋ではなく、泉のように！（聖アウグスティヌス）
詩編16　主は私の財産…。

*ケンピス『キリストにならう』

第2巻 第8章　イエスとの親しい友情

*物語　「足跡」（『たとえ話で祈る』pp. 115 〜 117 より）

主はいつも共におられる。砂浜に一人だけの足跡が残るときにも…。

自分の生涯を、夢ではっきり悟ることがある。私は、イエスと岸辺を歩いている夢を見た。昔、弟子たちがカファルナウムやベトサイダ

でしていたように。浜風が主の上着をそよがせ、髪を吹き乱した。波の打ち寄せる音、そして時折、北風がヒュウヒュウとうなり声をあげた。私は後ろを振り向いた。ぬれた砂に二組の足跡があった。主の力強い足跡と私の足跡。ところが、途中、足跡がただ一組になっているところがある。不思議に思い、私は主に尋ねた。

「私たちはずっと一緒に歩いてきたのではありませんか」。

「そうだよ」。

「ではどうしてあそこには一組の足跡だけが残っているのですか」。

「北風が特にひどく強く吹き付けた時、あなたが飛ばされてしまわないよう、私はこの腕であなたを抱いて歩いていたのだよ。あなたを心から愛しているので、放ってはおけなかったから」。

　そう、砂浜のその部分には、ただ主の足跡だけがくっきりと残っていた。

＊**象徴**　ガリラヤ湖と魚

＊**ミサ**　「緑」
祈願●「召し出しを願う」、第一●ローマ８：31 - 39、福音●ルカ５：1 - 11、聖歌●入祭：典98 ① ② ⑤、答唱：典167 ① - ③ ⑤、アレルヤ：典258 聖ヨハネ使徒、感謝：典209、閉祭：ペスカドール・デ・オンブレス。

第**16**日 「神殿の清めの日」

1. 祈り 「父への祈り」（19歳の時、フランスのモンブランから滑落して帰天したフランソワ・ド・スピネーの祈り）

父よ、あなたのみ名は　柔和
父よ、あなたのみ名は　若さ
父よ、あなたのみ名は　愛
父よ、あなたのみ名は　父
父よ、あなたのみ名は　また母！
父よ、あなたのみ名は　いつくしみ
そしてもう一度　父よ、あなたのみ名は　柔和
父よ、あなたは限りない善
ああ父よ、人々は考える。
あなたはまったくかけ離れた存在だと。
父であるあなたのお心は
人の父の心とは無縁のものと思い込む。
まるで、近づきがたい裁き手か
ファラオであるかのように、あなたを恐れ、遠ざかる。
おお父よ、人の言葉で
神の味わいを持つ言葉で
あなたの本当のみ名を
どうか彼らに知らせることができますように。

2. 考察の要点

*選定と生活の改革（見直し）

1）摂理の神学：生きている神は私に「何か」を望んでおられる。その神の愛を信じよう。私たち一人ひとりは一人息子や一人娘のよ

うに愛されている。

2）その神のお望み（み心、み旨）はいろいろな方法で現れる。愛、正義、平和、信頼などにおいて、神は私が成長することを望んでおられる（キリストにおいて：エフェソ1章）。

3）その神の計画は秘密ではない。キリストのうちに、聖書、歴史、出来事を通して現れる。

4）神の計画がわからないのは、「私の目が病気」だからである。主よ、目が見えるようにしてください！（エフェソ1：18）

5）信仰、祈り、識別の心が必要である。いろいろな心の動き、さまざまな霊（自然的霊、超自然的霊、中からの霊、外からの霊、物からの霊、人からの霊、物質的霊、精神的霊、意識的霊、無意識的霊）を識別する。

＊聖イグナチオの福音箇所の選び方

私たちの選定（生活の改革）は福音のイエスの観想に基づいている。イエスを観ることによって、イエスの価値観をいただき、その価値観で選定するのである。そのために聖イグナチオは「イエスの苦労」を表している箇所を選んでいる。イエスとマリア、イエスと洗礼者ヨハネ、イエスと弟子たち、イエスと人々、イエスとファリサイ派・律法学者たち、イエスと友人、イエスと孤独…これらの関係性の中で、イエスはさまざまな苦労を味わった。

3．祈りの箇所

＊聖書の箇所

ヨハネ2：13-25　神殿（心）の清め…私たちは生きた神殿！

ルカ20：20-26　「皇帝のものは皇帝に、神のものは神に返しなさい」。二人の主人に仕えることはできない。

ルカ21：1-4　やもめの献金。持っているすべてを捧げる。

1コリント3：17、6：19　私たちは聖霊の宿る神殿である！

詩編 24：3‒6　どのような人が主の山に上り、聖所に立てるのか。

＊ケンピス『キリストにならう』
第4巻 第13章　敬虔な人は、聖体の秘跡によってキリストと一致することを切に望まなければならない

＊物語　「どこに神を隠すか」（『たとえ話で祈る』pp. 136 〜 138 より）

　ある時、三人の賢人が、誰にも決して見つけられないように神を上手に隠す、という仕事を言いつかった。賢人たちは卓を囲み、慎重に相談を始めた。

　一番目の賢人は、神は最も遠く離れた星に隠すのがよかろう、と言った。けれども、二番目の賢人が、それではいつの日にか、高性能のロケットで打ち上げられた宇宙船がその星までたどり着き、神を見つけてしまう恐れがある、と異論を唱え、こう言った。

　「むしろ、神を大洋の深淵に隠してはどうだろう」。

　三番目の賢人は、しばし熟考したのち、口を開き、いずれ世界の食料対策のため、海底で食物を栽培する日も来るだろうから、神はいずれ発見されてしまうだろうと言った。だから、と賢人は続けた。

　「誰にも二度と再び見つけられないように神を隠せる唯一の場所といえば、一人ひとりの中において他にない。そこならば、絶対に誰にも見つけられまい」。

＊象徴　神殿の清め

＊ミサ　「白」
祈願●「教会献堂」、第一●１コリント６：19‒20、福音●ヨハネ２：13‒25、聖歌●入祭：典 388 ① ②、答唱：典 158 ② ③、アレルヤ：典 276 ラテラン教会献堂、感謝：典 216。閉祭：指定なし。

第17日 「水の日」

1. 祈り 「聖霊への祈り」（ウィリアム・ブラウニング，C. P.）

聖霊よ、あなたの沈黙の心を私にお与えください。
あなたの平和な静けさで、私の中のざわめきをなだめてください。
あなたへの深い信頼で、私の中の不安を黙らせてください。
あなたの赦しの喜びで、私の中の罪の傷をいやしてください。
あなたの現存を感じ、私の中の信仰を強めてください。
あなたの力を知ることで、私の中の希望を
確かなものにしてください。
あなたの愛のあふれで、私の中の愛を満たしてください。
聖霊よ、私の光、力、勇気の泉となってください。
私があなたの呼びかけを、もっとよく聞き、
もっと寛大に従っていけるように。

2. 考察の要点

＊「水」

聖書の中で「水」は価値あるものとして、たびたび登場する。
シラ 15：3 「知恵の水を飲み物として、彼に与える」。
イザヤ 12：3 「喜びのうちに救いの泉から水を汲む」。
イザヤ 55：1 「渇きを覚えている者は皆、水のところに来るがよい」。
エレミヤ 17：13 主は生ける水の源。
エゼキエル 36：25 「わたしが清い水をお前たちの上に振りかける
とき、お前たちは清められる」。
マタイ 3：11 洗礼者ヨハネは水で洗礼を授ける。
ヨハネ 3：5 「水と霊によって生まれなければ、神の国に入ること
はできない」。

ヨハネ４：14　永遠の命に至る水。

ヨハネ６：35　「わたしを信じる者は決して渇くことがない」。

エフェソ５：26　水の洗いによって、教会を清める。

３．祈りの箇所

＊聖書の箇所

ヨハネ２：1－12　「主よ、ただの水ではなく、おいしいぶどう酒のようにしてください」。マリアの取り次ぎによって願う。（ぶどう酒は救いの賜物の豊かさの象徴である。喜びを感じよう！）

マタイ14：22－33　ペトロのように、苦難の中で主に呼びかけよう。

ヨハネ７：37－39　主のみ心から流れ出る水…聖霊の恵みを願おう。

マタイ８：23－27　イエスは嵐を静める。教会という舟の中で、主に信頼する！（主の「眠りの神学」）

詩編107　主は渇いた魂を飽かせ、飢えた魂を良いもので満たされる。

＊ケンピス『キリストにならう』

第４巻 第３章　しばしば聖体を拝領するのはよいことである

＊物語　「渇き」（『たとえ話で祈る』pp. 104 ～ 107 より）

渇きのために唇はひび割れ、舌は腫れ上がっていた。口の中で動かすこともできないほどに。ときおり、一言二言話すだけだ。

「陸地は見えたか」。

「いや」。

「一滴の水と引き替えなら、何でもやるぞ。塩水はこれだけあるのに、飲めないときている」。

「飲んだら死ぬぞ」。

「元気を出せ。最後まで希望を持つんだ。神は、人を水に落とすことはあっても、おぼれさせないもんだよ」。

四世紀前、スペイン人の船乗りの間でおよそこんな会話がかわされた。新世界発見と一攫千金を夢見て、インドを目指して船出した人々である。しかし、この時ばかりは、ほんの数口の水のためなら、皆、どんな財宝でも喜んで投げ出しただろう。

　太陽は容赦なく頭上に照りつけていた。陸地はまだはるか遠く、潮の流れが強いため、逆に沖へ沖へと押し出されていたのだ。疲労困憊<ruby>困憊<rt>こんぱい</rt></ruby>しながらも、岸にたどり着こうと、彼らはボートをこぎ続けた。

　海水を飲むのは、体にも渇きにも最悪のことだが、一人がとうとうこらえきれずに、手で海水をすくい、口に運んだ。

　「奇跡だ！これは真水だよ」。

　他の者たちは信じられなかった。あまりに疲れ果て、のどが渇き、思考も乾き枯れ果てて、世界最大の水量を誇るアマゾン川の、幅五十キロメートルもある河口の沖にいることに思いいたらなかったのだ。その水量の多さのため、河口あたりの海面は、何マイルにも渡り真水になっていた。スペイン人の船乗りたちは、思う存分水を飲んでから、あたりを見渡したが、陸地は見えなかった。そこで、これは奇跡だと考えた。何日もの間、真水の上を航海していながら、のどの渇きで死にかけていたという事実がわかったのは、ずいぶん後のことだった。

＊象徴　ガリラヤの湖

＊ミサ　「緑」

祈願●「神の愛に生きる」、第一●イザヤ 12：1－6、福音●ヨハネ 2：1－12、聖歌●入祭：典 164 ① ②、答唱：典 40 ① ② ⑤、アレルヤ：典 268 ⑬、感謝：典 216。閉祭：指定なし。

第18日 「友の変容の日」

1. 祈り 「あなたの生きざまを教えてください」
(イエズス会第28代総長 ペドロ・アルペ, S. J. 1907～1991)

貧しい人、重い皮膚病の人、目の見えない人、
足の不自由な人など、苦しむ人々に
あなたがどのように共感されたのかを教えてください。
涙を流すまでの想いを感じられたとき、
また、血の汗を流し、天使の慰めが必要だったほどの
死に至る苦悩を感じられたときに、その心の奥深くにある感情を
どのように表されたのかをお示しください。
とりわけ、御父から見捨てられたと感じながら、
十字架上であなたが味わった極限の苦しみを
どのように明らかにされたかを学びたいのです。

あなたのまなざしを教えてください。
シモンを召し出したとき、
またペトロとして立てたときのまなざしを。
あなたに従えなかった裕福な若者をどのようにご覧になったかを。
あなたのもとに殺到した群衆を見たときの慈しみのまなざしを。
あなたのお姿を知りたいのです。
あなたが私にどのよう接してくださるかを想うだけで
私は変えられていきます。

洗礼者ヨハネはあなたに一目で惹かれました。
カファルナウムの百人隊長はあなたの優しさに戸惑います。
偉大な奇跡の証人たちは、驚きのあまり天を仰ぎます。
弟子たちはその不思議な業を見て、畏れおののきます。

園の番兵たちは恐ろしさのあまり震え上がります。
ピラトは不安になり、その妻は怖がります。
あなたが亡くなるのを見届けた百人隊長は、
あなたが神の子だと気づきます。

カファルナウムの会堂で響いたあなたの声を、
権威をもって群衆に語られた山上の説教を、
私にもお聞かせください。
大きなことであれ、小さなことであれ、
御父と私たちの兄弟姉妹への愛のために
すべてをお捧げになったあなたの模範に私が従い、
あなたに倣うことができますように。

へりくだって人間の姿をとられたあなたを身近に感じながら、
そして、永遠の神でもあるあなたをはるか遠くに感じながら、
あなたに学ばせてください。

2. 考察の要点

*選定（霊操 169 – 189）
　1）目的（169）：神の賛美と奉仕、及び自分の霊魂の救いのために
　　　生きる。
　2）選定の対象（170）：良いものであるように。
　3）変更できないもの（司祭職、結婚、修道誓願）と、変更できるも
　　　の（財産を受けるか受けないか）（171-174）。
　4）健全で良い選定のできる三つの時機
　　　第一の時機：神が心を動かし、引き寄せてくださる時（圧倒的な
　　　　　　　　　恵み、疑いがない）（175）。
　　　第二の時機：慰めと荒みの体験によって（176）。
　　　第三の時機：平静な時：理性によって（177）。

5）第三の時機における選定の第一の方法

①選定の内容を決める（178）。

②人生の目的と不偏心を黙想すること（179）。

③神の恵みを願う（180）。

④便宜と利点を考察する、不利と危険も検討する（181）。

⑤どちらにより強く理性が傾いているかを確かめる（182）。

⑥選定と決定がなされた後、神の前に祈り、それを神が受け入れ、認めてくださるように捧げる（183）。

6）第三の時機における選定の第二の方法

①選定させる愛は上から（神への愛から）下るものでなければならない。

愛着がないか（184）。

②見知らぬ人なら、彼に何を勧めるだろうか（185）。

③臨終の時なら、どんな基準で選定しただろうか…。

今こそ、その選定をする時（186）。

④審判の日に何を選んだら良かったと思うだろうか（187）。

⑤神の祝福と確認を求める、（183）と同じように（188）。

＊指導者に相談することも助けになる。

＊神の確認（イエスが賛成した）の基準 —— ガラテヤ5：22
Shalom 喜び、平和…

＊第一の選定：自分の根本的な理想は何か？（聖書のみ言葉で表現したら、どんな箇所か？）

＊第二の選定：理想を実現するために具体的なヒントは何か？

3. 祈りの箇所 （霊操 161、280、284、285）

＊聖書の箇所

ヨハネ 11：1–45　ラザロを生き返らせる（161、285）。

ルカ 10：38–42　友だちの家。マルタとマリア。

マタイ 14：13 - 33　パン…ペトロ…（280）。
マタイ 17：1 - 9　ご変容の恵みを願う！（284）

＊ケンピス『キリストにならう』
第3巻 第9章　すべては究極目的である神に向かう

＊物語　「恐れ子、山に登る」（『たとえ話で祈る』pp. 143～145 より）

　英国の女流作家、ハンナ・ヒューナードの、『高地の鹿の足跡』という小説がある。一人ひとりの霊魂にキリストが行われる「変容」の実りである「改革」の日に、この作品のあらすじを紹介したい。

　「涙の谷」に住む、「恐れ子」という羊飼いの娘は、「牧者」の羊の番をしていた。いつも、「乱暴」という名の親類一族を恐れて、遠慮しながら暗く悲しく暮らしていた。その上、「恐れ子」は片足が不自由だった。また、口も曲がっていたせいで、表情も固いし、言葉も思うに話せなかった。
　そんなある日のこと、「牧者」は彼女を、「完全な愛」が何ものをも恐れず住まう、高い山に登るよう誘った。
　「恐れ子」は、山路の長い道のりを歩き始めた。しかし、一人巡礼する寂しさに山路の険しさ、夜の闇、すいぶんな苦労を重ねた。やっと頂上にたどり着くと、そこには「牧者」が待っていた。清い水の流れ落ちる滝がそばにあり、その澄んだ流れは、山から谷の方へと下っていた。「牧者」は「恐れ子」に、滝の水を飲むように勧

めた。

　「恐れ子」は言葉通りその清い水をすくって飲んだ。すると、不思議なことに、身も心もすっかりいやされた。「牧者」は言った。

　「これから先、お前は『恐れ子』ではなく、『恵み栄え子』と名乗りなさい」。

　娘は、まるで生まれ変わったように、幸せに心が満たされた。そして同時に、自分の使命を悟った。それは、あのさらさらと流れる水のように、山を下り、「涙の谷」に戻ることだった。毎日、びくびくしながら、暗い日々を過ごしているあの大勢の人々に、この山に登るよう告げるために。

＊象徴　タボル山

＊ミサ　「白」

祈願●「主の変容」、第一●2コリント 3 ： 4 – 18、福音●マタイ 17 ： 1 – 9、聖歌●入祭：典 5 ⑩ ⑪、答唱：典 169 ① – ③、アレルヤ：典 266 主の変容、感謝：典 399。閉祭：指定なし。

「主の変容」

第3週 第19日「枝と香油の日」(憩いの日)

1. 祈り 「自己放棄の祈り」

(福者シャルル・ド・フーコー 1858 ～ 1916)

　　父よ、私はあなたのみ手の中に私を投げ出します。
　　どうぞ、あなたのお召しのままに私を取り計らってください。
　　あなたのなさることなら、私はどんなことにも感謝します。
　　あらゆることに覚悟はできています。すべてを受け入れます。
　　どうか、あなたのみ旨だけを、私とすべての被造物の中で働かせて
　　ください。主よ、それ以上何も望みません。
　　あなたのみ手の中で、私の魂に命じてください。
　　心からの、持てるすべての愛と共に、あなたにお捧げいたします。
　　というのも、主よ、私はあなたを愛しているのですから。
　　私自身を差し出します、余すことなく、限りない信頼をもって、
　　私自身をあなたのみ手の中へお渡しします。
　　というのも、あなたは私の父なのですから。

2. 考察の要点

＊霊操の体験

　今までの霊操の体験は三つの言葉でまとめられる。
　①愛 ②赦し ③誕生
　別の表現で言うと、「清めの道」(第一週) から「照らしの道」(第二週)
　へ黙想してきた。
　これからは「一致の道」(第三週、第四週) に入ろう。
　残りの霊操は二つの言葉で表現される。
　「奉献」(surrender) と「自由」(freedom) である。

私たちの選定（生活の改革、見直し）がイエスの「過越の神秘」によって強められますように！
昨日の選定をイエスに捧げよう。
ベタニアのマリアの香油のように。
その前に、私たちの「心の王」であるイエスを迎えよう。

3. 祈りの箇所

＊聖書の箇所

マタイ 21：1-17　イエスは王としてエルサレムに入る。
ヨハネ 12：1-8　マリアの壺 — 香油…私の選定（壺のかわり）。
詩編 100　主に感謝する…。

＊ケンピス『キリストにならう』

第3巻 第15章　望むことについて、どうおこない、どう語るか

＊物語　「自分をむなしくする」

（『たとえ話で祈る』pp. 152 ～ 154 より）

　神に出会うために、私は世を捨てた。苦行の年月に、背は曲がり、日に何時間にも及ぶ瞑想が、額に深いしわを刻み、目は落ちくぼんだ。
　そしてついにある日、私は神殿の門をたたいた。神の前に私の疲れた手を差し出し、人類のために恵みを乞おうとしたのだ。空の手を・・・。
　「空だって？ その手は傲慢で一杯ではないか」。
　そこで、私は謙遜を求めて、神殿を後にした。
　そうだ。本当に神の言われるとおりだ。私は苦行の日々を送ったが、人々はそれを知り、私を敬ってくれた。私はそれを喜んでいたのだ。
　私は人々から軽んじられようとした。懸命に侮辱される機会を探した。道の塵あくたのように扱われるようふるまった。
　「さあ、私の手をご覧ください」。

「ああ、まだいっぱいだ。今度は謙遜で。おまえの謙遜も傲慢も欲しくはない」。

そこで私はまた神殿を出た。私自身の謙遜から逃れようと。

私は自分をむなしくすることを学ぶため、今、世界中を巡っている。私の手が空になったら、私自身さえこの手の中になくなったら、神殿に戻ろう。その時こそ神は、私の空の手の中に、その無限の恵みをのせてくださるだろう。

＊**象徴**　子ロバに乗ってイエスがエルサレムに入る！

＊**ミサ**　「赤」

祈願●「枝の主日」、第一●コロサイ3：12 - 17、福音●ヨハネ12：1 - 8、聖歌●答唱：典172 ② ③ ④、詠唱：典317、感謝：典216。閉祭：指定なし。

第20日「聖体の日」

1. 祈り 「私があなたを受け入れる時、あなたこそ私を受け入れる」
(聖トマス・アクィナス　1224 ～ 1274)

あなたは私たちに御子を送ってくださった。
彼は私たちに、聖書の言葉によって話してくださる。
彼はパンとぶどう酒によって、
自らご自分を与えてくださる。
私たちはここに来ます。病人のように命の医者に、
渇いている者として、憐れみの泉に、
盲人として、永遠の輝きの光に、
貧しく、見捨てられた者として、天と地の主の方に。
主よ、私が習慣としてイエスの体と血をいただくことがないように、
私の深みで主イエスの現存と力が与えられ、
彼の神秘体に加えられますように。
おお、慈しみ深い父よ、ある日、永遠に、
今は隠れていただくあなたの御子に
顔と顔を合わせて
まみえる恵みを与えてください。アーメン。

2. 考察の要点

＊過越の神秘とは
1）客観的レベル：個人的・普遍的・永続的なキリストの行い（最後の晩餐の時と教会の内で、今でも）。教会は世界に広がっている、最後の晩餐の部屋である。
2）主観的レベル：自己奉献、交わり、ミサへの参加、過越的な生き方。

＊ご聖体は、私の生活において何であるか

1）記念祭 ── 主の賜物への感謝：み言葉(み言葉の祭儀)、御体(人々
を引き寄せるオメガ点)、パン(仕事の恵み)、あがないの神秘(十
字架の勝利)、聖霊（すべてを活かす愛の息吹）。

2）食事 ── 人生の巡礼のための力となる、キリストとの交わり、兄
弟的一致。

3）いけにえ ── 愛する天の父の人類のための救い。自己自身を与える。

4）現存 ── 写真のようにではなく、現実的、秘跡的に共におられる。

＊毎日のミサ

私にとって、ミサは一日の中心となっているだろうか。聖体訪問をし
ているか。

「ご聖体をいただくのは、キリストを食べるためとキリストに食べら
れるためである」(聖アウグスティヌス)。

＊食事

霊操 210 － 217　食事をするにあたって自分を整えるための規則。
粗食と美食の区別（212）。食べ物と飲み物に関する、第三週にふさ
わしい苦行の雰囲気を保つ（214 － 216）。感覚的な楽しみに溺れな
いように自制する（215）。不摂生を克服するため、賢明に食事の量
を決める（217）。

3. 祈りの箇所

＊聖書の箇所

ルカ 22：7 － 23　「わたしの記念として行いなさい」聖体の制定。
ヨハネ 13：1 － 35　聖体の実り ── 奉仕（足を洗う）と愛。
ヨハネ 6章　二つに分けて ── パン＝受肉、パン＝聖体。
ヨハネ 14章 ～ 17章　最後の晩餐の席での告別説教（霊的読書）…。
詩編 23　主は私の牧者。

＊ケンピス『キリストにならう』

第4巻 第1・2章　どれほどの尊敬をもって、キリストを拝領しなければならないか・聖体の秘跡において、神のいつくしみと愛とが人にあらわされる

＊物語　「白い子うさぎ」（『たとえ話で祈る』pp. 155 ～ 158 より）

　日本の昔話に、キリストの「聖体」の意味を子供に教えるのにぴったりのものがある。それはこんな話だ。

　昔々、月に一人のおじいさんが住んでいた。おじいさんは、月からいつも地上を眺めていたが、ある日、そこにとても仲の良い三匹の動物がいるのに気がついた。猿と狐と白い子うさぎだ。月のおじいさんはたいそう心を魅かれたので、地上に降り立ち、三匹が遊んでいる森にやってきた。そしていきなり、こう頼んだ。

　「私も友だちの仲間に入れてくれないか」。

　「いいですよ」。

　と三匹は答え、早速新しい友だちになった月のおじいさんのために、友情のしるしのプレゼントを探して、てんでに駆け出した。

　猿はバナナがたわわに実った木に登り、大きな房をとって来て、月のおじいさんに差し出した。

　「これがぼくからのプレゼント」。

　狐は渓流の速い流れのふちでじっと待ち伏せ、見事なマスがやって来ると、やっとばかりに捕まえて月のおじいさんのところに持ってき

た。

「ぼくのプレゼントはこれ」。

ところで、白い子うさぎはたきぎにする乾いた小枝を探して、森の中を一生懸命歩き回った。そして、一抱えのたきぎを集めると、月のおじいさんに渡して、こう言った。

「ほら、これがぼくからのプレゼント。この小枝で火を起こして、ぼくをその上に乗せて、黄金色になったら、食べるんだよ」。

月のおじいさんは驚いて言った。

「本当にありがとう。三匹とも私の親友だよ。なかでも嬉しいのは白い子うさぎのプレゼントだったよ。なにしろ自分自身をくれたのだから。さぁ、私と一緒に月に行こう」。

こうして、おじいさんはうさぎを月に連れて行った。だから、いまでも、夜、月が出ると、そこには白い子うさぎの姿が見えるのだ…。

＊**象徴**　最後の晩餐の部屋…

「最後の晩餐が行なわれたと伝えられている部屋」
ミカエル・モイズィキェヴィチ撮影
電子写真集『聖書の世界−イエスの道』より

＊ミサ　「白」

祈願●「キリストの聖体」、第一●１コリント 11：17 – 34、福音●
ヨハネ 13：1 – 35、聖歌●入祭：カ 613 ① ②、答唱：典 123 ① ③ ④、
アレルヤ：典 262　主の晩餐、感謝：典 216。閉祭：指定なし。

洗足

A work of the Centro Aletti atelier of Art and Architecture
Monastery of the Carmelites, Snagov, Romania

「洗足」

第 21 日 「ゲッセマネの日」

1. 祈り （福者ルーペルト・マイヤー，S. J. 1876 ～ 1945
ヒトラーに反抗し、11 月 1 日ミュンヘンで亡くなる）

主よ、
あなたの望まれるとおりの私になりますように。
あなたが望まれるなら、私は行きます。
ただあなたのみ旨だけをお示しください。
主よ、
あなたが望まれることなら、きっと、
お望みならばすべてそうなるでしょう。
あなたが望まれるなら、
私は何でもする覚悟をしています。
今日も永遠にも。
主よ、
あなたが望まれることを私は受け取ります。
あなたが望まれることは私にとってみな徳です。
あなたがお望みならば、それで私は十分です。
主よ、
あなたがそれを望まれるから、それは良いものです。
あなたがそれを望まれるから、私は勇気が湧きます。
私の心はあなたのみ手にあります。アーメン。

2. 考察の要点

＊切に願いたい恵み

苦しみを分かち合う（compassio）（霊操 203）
祈りがもっと受け身に、精神に静かに留まるように

1）愛、痛悔、憐れみの心を起こす。
2）この苦しんでいるイエスを観想することにより、第三週の恵み（愛）は生まれる。
3）憐れみは感情的ではなく、キリストとの出会いによって愛の根を見いだす。
4）現代の受難（人々の肉体的・精神的な苦しみ）を意識する。

＊キリストの受動性から学ぶ（passivity）

公生活ではキリストのさまざまな活動（activities）から私たちは学んだが、今ではキリストは「受け身」になっている。その姿を観想することによって、私たちのコントロールを超えている事柄に意味を見いだすようにキリストが教え、力づけてくださる。

＊第三週の第一観想の六つの要点（霊操 194 – 198）

1）彼らを目で見る（194）。
2）彼らを耳で聞く（194b）。
3）彼らの動作から学ぶ（194c）。
4）イエスの人間性における苦しみを見る（195）。
5）イエスの神性が隠されていることを考察する（196）。
6）すべては私の罪のためであると考え、主のために何をなすべきか、どんな苦しみを忍ぶべきかを考察する（197）。

3.祈りの箇所（霊操 201、290）

＊聖書の箇所

ルカ 22：39 – 46　イエスの「五つの内的受動的状態」（internal passivity）①悲しみ　②恐怖　③極度の疲労　④嫌悪　⑤神の不在。それらに対してイエスが祈ったのは、「Abba! 父よ！み心のままに」という「受諾の祈り」（consent）であった。ソクラテスの死の前の勇気、解放と、イエスの死の前の不安、分裂を比べてみよう。

聖書の「人間像」は、プラトン的な人間論（肉体は汚い、魂は自由になる、天使主義）ではなく、「体と魂は一つであるため、死は罪の結果であり、望まれない分裂である」というものである。

ヨハネ 12：23 - 33　一粒の麦のように…。

ヨハネ 18：1 - 11（マタイ 26：47 - 56）　ユダ、友の裏切り。

ヘブライ 2：17 と 5：1 - 10　憐れみの大祭司…。

詩編 69　苦しみの中の祈り。

＊ケンピス『キリストにならう』
第2巻 第9章　すべての慰めの喪失

＊物語　「寛大な木」（『たとえ話で祈る』pp. 75〜 79 より）

　葉も濃く生茂った木があった。雨にも風にも揺るがない強い木だった。しかし、そんな木にも泣き所があった。自分自身よりも、ずっと愛しく思っている、小さな男の子だ。母親が腕にその子を抱き、毎日のようにやって来て、節くれだった幹に寄りかかったり、たくましく張り出した根に座ったりして、子守歌を歌い寝かしつけた時分から、愛し続けてきたのだった。

　ある日、母親が死んだ。坊やはまだ四歳だった。それ以来、木は心の奥底に、坊やの亡くなった母の親心が芽生え育っていくのを感じた。その子をかわいがり、そばに来るのを見ると、呼びかけた。

　「やあ、よく来たね。遊びに来たのかい。私の花と葉を摘んで、冠をお作り。ほら、かぶってごらん。坊やは森の王様だ」。

　子供は大きくなった。別の願い事が心を占めるようになった。いろいろな物が欲しくなった。でも、何も持っていない。彼の顔は悲しそうに曇り始めた。

　木は少年に言った。

　「おいで。私の腕に登ってごらん。実がたくさんなっているから、欲しいだけ取って市場に持っていき、売ればいい。そしたら、お金が

手に入るよ」。

　木にとって、寂しい日々が過ぎていった。しかし、ある朝、もう今は青年になった坊やが、深刻な顔で、木のもとに戻ってきた。

　「どうしたんだい。ずいぶん元気がないね」。

　木は心を痛めて尋ねた。

　「自分の家が欲しいのに、材木がないんだ」。

　「心配はいらないよ。斧を取って、私の太い枝をお切り。それで家を建て、幸せにおなり」。

　しかし、男の心はまだ満たされなかった。森のそばの、しゃれた木の家に住むのにも飽き、森の茂みにまた分け入って来た。木は彼の姿を遠くに見るや、うれしさに体を震わせ、尋ねた。

　「また元気がないようだね。どうしたんだい。材木が足りないのかね」。

　「材木は十分あったよ。でも、僕は毎日同じ景色を見て暮らすのは、もう沢山だ。遠くの国々には、美しい海や夢のような景色があって、変わった人々がいるってことだよ。ああ、行ってみたいなぁ。でも、舟もないのさ」。

　「心配しないで、もう一度斧を取って、私の幹を根元からお切り。それで舟を作るといい。残りの枝で、オールができる」。

　年月が過ぎ、寛大な木は年老いた。小さな新芽がいくつか伸びたので、かろうじて生きている。そんなある日、ついに古い友だちがやって来るのが目に入った。初めは、誰だか分らなかった。何しろ、足取りのおぼつかない老人だったから。

　「久しぶりだね。今度は何が必要なのかね」。

　木は老人にそう声をかけた。

「何も。何もいらない。旅に、すっかり疲れてしまった。いま欲しいのは、腰を下ろして休むところだけさ」。

老いた木は言った。

「まぁ、ここに来て、切り株にお座り。他には何もできないけど。ゆっくりお休み」。

そうして、今は老人になったあの日の子供は、木のところに来て、腰をおろし、ほっと息をついた。

最後の贈り物をすませた木は、満足して死を迎えたのだった。

＊**象徴**　一粒の麦

＊ミサ　「紫」

祈願●「聖月曜日」、第一●ヘブライ5：1 – 10、福音●ヨハネ12：23 – 33、聖歌●入祭：典311 ① ②、答唱：典115 ① – ③、詠唱：典262　第5主日B、感謝：典209、閉祭：カトリック典321「一粒の麦が地に落ちて」。

「ゲッセマネのキリスト」

第**22**日 「いばらの冠の日」

1. 祈り 「十字架の前で」（ノラの聖パウリヌス　5世紀）

ああ、十字架よ、言うに言われぬ神の愛、天の栄光、永遠の救いよ、
正しい人々の支え、キリスト教徒たちの光。
地上で私たちのために　神は肉の中で僕となられた。
天において私たちのために　人の子は王とされた。
私たちのために　真の光が現われ出で、夜は打ち負かされた。
あなたは私たちのために　諸国民の偶像を覆された。
あなたは人がそれを通じる天へ昇る、はしごとなられた。
あなたは信者である私たちにとって、いつも柱であり、錨である。
あなたは私たちの家を支え、私たちの舟を導かれる。
十字架において　信仰が堅固でありますように、
十字架において　私たちの栄光が用意されますように。

2. 考察の要点

*イエスの外的・受動的状態（external passivity）
五つの裁判
1）妬みの裁判：最高法院（マタイ 26：57 - 68）。
2）孤独の裁判：ペトロに三度否まれ、他の弟子たちも離れていった。
3）利己主義の裁判：ピラト（イエスよりも自分の将来を優先にした）。
4）軽薄さと快楽の裁判：ヘロデ…。
5）忘恩の裁判：群衆。

*四人の福音記者の神学の違い
マルコ：具体的に出来事を語る。十字架の矛盾：信仰へ導くため。
マタイ：出来事を照らす預言：教会の信仰。

ルカ　：師とその弟子、普遍的憐れみ、殉教者の模範。

ヨハネ：ご受難の栄光：王であるキリスト、礼拝と賛美。

　　　　四つの言葉でそれを表わす。

　　　　①栄光（1：14、2：11）

　　　　②時（2：4、12：23、13：1、16：32）

　　　　③上（挙）げられる（3：14、8：28、12：32）

　　　　④奉仕（13章）

＊三つのご受難の観想の方法

１）歴史的・愛による方法 ― 聖母マリアと共に十字架の道を歩く。

２）実存的・救いの方法 ― パウロのように、「私の罪のため」：罪の贖い。

３）三位一体の観想的方法 ― ヨハネ福音記者のように、主を礼拝し、賛美し、感謝する。

3．祈りの箇所 （霊操 208、291 – 295）

＊聖書の箇所

マタイ 26：57 – 68　最高法院の裁判、妬み ― イエスは神の子だと宣言。

ルカ 22：54 – 62　ペトロの否定 ― 孤独。

ヨハネ 18：28 – 38　ピラトの前に ― 利己主義。

ルカ 23：5 – 12　ヘロデの前 ― 快楽の裁判。

ヨハネ 18：38 b ～ 19：12　群衆の忘恩 ― バラバと比べられ、いばらの冠をかぶせられた王！

詩編 102　苦しみの中の祈り。

＊ケンピス『キリストにならう』

第3巻 第41章　地上の名誉をすべて軽んじる

＊物語 「王となる」（『たとえ話で祈る』pp. 171 ～ 173 より）

　ロレーヌ侯爵、ゴドフロア・ド・ブィヨン（1060 ～ 1100）は、丈高く金髪、チャールズ大帝の子孫で、第一次十字軍を率い、「キリストの騎士」の模範とたたえられた。彼は 700 万の軍勢の先頭にたって 1096 年、勝利のうちにエルサレムに入り、「聖都」の王に任命されることになった。

　ある伝説によると、任命式の前夜、ゴドフロアは、不思議な夢を見た。

　夢の中でいばらの冠をかぶったイエス・キリストに会い、こう言われたというのである。

　「私の父は、とげのある燃える柴のなかでモーセにお現れになり、彼に語られた。私がピラトの兵卒にかぶらせられたのは、いばらの冠だった。しかしあなたがたは、年月がたつと共に、私に純金の冠をかぶらせるようになった。私には、それがとても重く、頭をしめつける。目を上げてみなさい。戦争のせいでどれほど沢山の死者や貧民がでたことか。あなた方が十字軍と呼ぶこの戦いも含めて…。この大勢の人々の苦しみこそ私の『いばらの冠』だ。だから、この世に不正や苦しみのあるかぎり、私はこれをかぶっていたい」。

　ゴドフロアは、次の任命式で、金の王冠をかぶらせようとする人々に、言った。

　「王の中の王であるキリストがいばらの冠をかぶらせられたこの場所で、私が金の王冠をいただくのを神は喜ばれまい」。

　そして、彼は、王としてではなく、「聖なる墓の番人」としてエルサレムを統治し、決して王冠を使うことはなかった。

＊象徴 ペトロとイエスのまなざしとの出会い

「いばらの冠」（ルオーの絵）

＊ミサ 「紫」

祈願●「聖水曜日」、第一●イザヤ 50：4‐9a、福音●ヨハネ 18：38b‐19：12、聖歌●入祭：カ 285、答唱：典 115 ④ ⑤、詠唱：典 317、感謝：典 216、閉祭：カ 171。

「辱めを受けるキリスト」

第23日 「十字架の道行きの日」

1. 祈り 「十字架上のキリストへの祈り」
(聖フランシスコ・ザビエル, S. J. 1506 ～ 1552)

主よ、私があなたを愛するのは
あなたが天国を約束されたからではありません。
あなたにそむかないのは
地獄が恐ろしいからではありません。

主よ、私を引きつけるのは
あなたご自身です。
私の心を揺り動かすのは
十字架につけられ、
侮辱をお受けになったあなたのお姿です。
あなたの傷ついたお体です。
あなたの受けられた辱めです。

そうです、主よ！
あなたの愛が私をゆり動かすのです。
ですから、たとえ天国がなくても
主よ、私はあなたを愛します。
たとえ地獄がなくても
私はあなたを畏れます。
あなたが何もくださらなくても
私はあなたを愛します。
望みが何も叶わなくても
私の愛は変ることはありません。

2. 考察の要点

＊三つの憐れみ
1) 義務的：キレネのシモン —— 仕方がないから…。
2) 感情的：エルサレムの婦人たち —— 表面的な憐れみ、内化されていない…。
3) 効果的：ヴェロニカのように。教会伝統の特徴 —— 他の人々の顔に近づき、その顔を洗い、兄弟たちと姉妹たちの顔に見えなくなったイエスの顔を捜す。人はイエスの顔の「似姿」として造られたのだから（Veronica ＝ verum＋ikon ＝本当の顔）。

＊贖いの神学
1) **神の愛の業**　ヨハネ3：16、1ヨハネ4：9-10、ローマ5：8
① 正義の業（中世の頃）：憐れみと正義の和解（Cur Deus Homo？『神はなぜ人間となられたか』聖アンセルムス）。
② 神の義：ローマ3：25「神はこのキリストを立て、その血によって信じる者のために罪を償う供え物となさいました。それは、今まで犯した罪を見逃して、神の義をお示しになるためです」。神の聖性は私たちを清め、義化する。
③ ローマ8：32…すべてのものを私たちに賜る神。
④ アブラハムによる息子イサクの犠牲との比較：天の父の愛、独り子を犠牲にするつらさ（pathos）。

2) **和解の業**
① 天の父に向かって：神の苦しみは、人々に愛されないこと（ルカ15章　放蕩息子）。「神の聖霊を悲しませてはいけません」（エフェソ4：30）。
② 罪が神の愛をもたらすわけではない。愛情で神にふれる。

③人類に向かって：神化 (divinizatio) ― 神の子となる資格 (Oh
felix culpa！：幸いなる過失！ 聖アウグスティヌス〔聖土曜
日の典礼で歌われる〕)。

3. 祈りの箇所

＊聖書の箇所（霊操 208 d、296）
　ルカ 23：26 - 43　十字架の道行き。
　イザヤ 52：13 ～ 53：12　主の僕の苦難と死（第 4 の歌）。
　ヨハネ 19：13 - 22　十字架の道行き（反復）。
　フィリピ 2：5 - 11　イエスの従順。
　詩編 22　嘆きから希望へ…。

＊ケンピス『キリストにならう』
　第 2 巻 第 12 章　聖なる十字架の栄光ある道

＊物語　「犬と野うさぎ」（『たとえ話で祈る』pp. 38 ～ 40 より）

　コプト語で書かれた、砂漠の師父たちの面白く、また考えさせられ
る古い話がある。
　ある日のこと、隠遁修士見習いが、山の洞窟に住む、師である年老
いた隠遁修士に会いに
行った。そして師に、
こう尋ねた。
　「この砂漠の僧院を
訪れる志願者は多いの
に、しばらくすると、
ここを去り、修道生活
をあきらめてしまいま
す。どうして、残る者

はこんなに少ないのでしょうか」。

　老いた師は答えた。

　「なぜかと言うとな。つまり、修道生活でも、野うさぎ狩りに行く犬と似たようなことが起こるのじゃ。犬がうさぎを見つけると、すさまじく吠え立てながらうさぎの後を追う。道々、他の犬たちもこれと一緒になって、やはり一生懸命駆け出すがな。しばらくすれば、野うさぎをその目で見なかった犬たちは、疲れてしまい、他のことに気を取られ、あちこちに散っていき、それぞれ別のことをし始める。結局、野うさぎを見た犬だけが、うさぎを捕まえるまで、走り続ける。この砂漠でも同じことが起こるのじゃよ。十字架上のキリストに出会った者だけが、最後までこの生活を全うすることができるのじゃ」。

　若い見習い隠遁修士は、この話を心に刻んだ。その日以来、彼の洞窟の壁に掛かった十字架のキリストに以前にもまして、愛と感謝のまなざしを注いだのはいうまでもない。

＊象徴　十字架を抱くイエス
　　　　ヴェロニカ…

＊ミサ　「白」
祈願●「悲しみの聖母」、第一●
フィリピ2：5－11、福音●ヨハ
ネ19：25－27、聖歌●入祭：典
385 ① ②、答唱：典176 ① ③、
詠唱：典317、閉祭：カ193 ①。

「ヴェロニカ」

「ラ・ドロローサ」

「エルグレコの『十字架のキリスト』」

第24日「イエスの死の日」

1. 祈り　「主の愛の力」（ドミニコ会の伝統的な祈り）

主イエス・キリストよ、お願いします。
あなたの愛に燃えて、私の理解力が
優しい愛の力によって動かされますように。
その愛の力は、
空の下にあるすべての被造物に現されます。
そして、その愛の力によって、
私が愛をこめて
あなたの愛のうちに尽くしますように。
なぜなら、あなたは私への愛のために
十字架の上で死んでくださったからです。

2. 考察の要点

＊十字架の神学

1）栄光と光の神学
　　彼らに最もよく似ている者は、彼らと最も似ている者から理解される（similis a simile cognoscitur〔プラトン〕）。
　　造られた者の美は部分的に造り主の完全な美を現し、その足跡（vestigial Dei）のようである。
　　友への愛（philia）。友は互いに似ているから…。

2）十字架の神学
　　反対するものは、反対するものによっていやされる（contraria contrariis curantur〔ヒポクラテス〕）（例：ワクチン接種で病気を予防する）。

十字架は弱さにおける神の力のしるしである。憎しみの中に愛は現われる。罪人への愛（agape）：悲哀…。

3）空の鳥、海の魚、森の鹿、喜んでいる人々は「神は愛である」とソプラノの高い声で歌っている（光の神学：philia）。
　　もっと深く低い声で誰かが木に登って「神は愛である」と語っている（十字架の神学：agape〔キルケゴール〕）。

＊イエスの死とキリスト者の死
イエスは死の意味を変えた。以前は「罪に対する罰」（創世記3章）であった。
今は「愛の証」である。
毎日、隣人への愛のために、少しずつ自分に死ぬ…（ヨハネ15：13）。

3. 祈りの箇所 （霊操 208d、209、297、298）

＊聖書の箇所
ヨハネ 19：17 – 30　十字架の王…。
十字架上の七つのみ言葉
　①孤独（マタイ 27：46、マルコ 15：34）
　②赦し（ルカ 23：34）
　③約束（ルカ 23：43）
　④母と子（ヨハネ 19：25 – 27）
　⑤「渇く」（ヨハネ 19：28）
　⑥使命感（ヨハネ 19：30）
　⑦信頼（ルカ 23：46）
ルカ 23：47 – 56　イエスの葬り。
詩編 31　信頼、み手の中に…（31：25　勇ましくあれ、心を強くせよ。主を待ち望む人は皆）。

＊ケンピス『キリストにならう』
第4巻 第8章　十字架上のいけにえと、キリストへの自己の奉献

＊**物語**　「私の腕になりなさい」
　　　　（『たとえ話で祈る』pp. 185～188より）ドレスデンでの実話

　それは不思議な出来事だった。土地の古老でさえ、どんな次第だったのか、いまだに説明できずにいる。

　ことの起こりは、ごく普通の夏の日のことだ。野にはまぶしい光があふれ、真昼のけだるい空気は、熟した果物の香りがした。

　突然、サイレンが鳴った。防空壕に避難する暇もあらばこそ、大地は爆風に揺れた。敵機は、暴れ馬のように、無差別爆撃をしかけ、炎と血と煙、そして嘆きと死をまき散らして去った。

　防空壕から出た人々が目にしたのは、無益な憎しみの残骸だった。壊れた家々、死んだ家畜、焼けた畑。主義主張を守るために戦争をすると言うが、生命に値するほどの主義主張が果たしてあるのだろうか。

　村人たちは、黙々と再建に取りかかった。まず、雨露をしのぐための家、それから家畜のためのバラック、最後に畑の柵を作った。

　村の近くの丘の上に、聖キリスト小聖堂があった。近隣の村人たちは、ここを心のよりどころとしていた。農民たちは畑が干上がれば雨乞いに行ったし、母親たちはいつも家庭の誰かれのために祈っていたし、恋する者たちは、思いがかなうよう願いに通った。

　だが、聖キリスト小聖堂も壊され、焼け焦げた鉄骨と木材、崩れ落ちたれんがの山があるばかりとなった。

　人々は廃墟の中から、何日もかかってようやく目指すものを見つけ出した。それは、皆が愛し、慕っていたキリスト像だった。そのあたりに住む者すべての思いのこもったキリスト像だったが、爆弾を受けて、手も足ももぎ取られていた。

　村は、寄るとさわるとこの話で持ちきりとなった。あのキリスト像

をどうしたらいいだろう…と。
「上手な職人に修繕を頼もう」。
「いや、いくら上手でも、前と同じには出来ないよ」。
「新しいご像を手に入れてはどうかな」。
「とんでもない。このキリスト像は代々受け継いできた尊い遺産だから、子どもたちの代まで残さなければ」。

　村ではさまざまに議論が沸騰していたが、そんなある日、村人たちは、小聖堂に壊れたキリスト像が掛かっているのを見つけた。元の場所に、手もなく、足もない姿のままで。そばの壁には赤い字で、不思議な言葉が書いてあった。

「あなたがたが私の腕になりなさい。あなたがたが私の手になりなさい。あなたがたが私の足になりなさい」。

＊象徴　十字架のキリスト

＊ミサ　「赤」
祈願●「十字架称賛」、第一●ヘブライ9：11 - 15、福音●ヨハネ3：13 - 17、聖歌●入祭：典65①、答唱：典145①③、詠唱：典261⑬、感謝：典220、閉祭：典390①-③。

「サン・ピエトロのピエタ」

「キリストの顔」

第25日 「み心の日」(憩いの日)

1. 祈り 「イエスのみ心への憧れ」
（ガスパー・ドルズビツキ，S. J. 1589 ～ 1602）

イエスのみ心、あなたを知り、あなたを愛し
イエスのみ心、あなたを望み、あなたに渇き
イエスのみ心、あなたをほめ歌い、あなたの内に燃え
イエスのみ心、あなたを探し、あなたを見い出し
イエスのみ心、あなたを得、あなたを保ち
イエスのみ心、あなたに入り、あなたの中で住むよう
イエスのみ心、あなたと私自身を結び
永久にあなたから離れないよう
イエスのみ心、
自分を失い、あなたの内にずっと留まるように。

2. 考察の要点

＊捕らわれていた霊たちのところに下るキリスト
1）聖書の箇所
 ①1ペトロ3：18 ～ 4：19
 ②マタイ12：40
 ③ヘブライ13：20 - 21
 ④黙示録1：17 - 18
 ⑤ローマ10：7 - 13
 ⑥エフェソ4：6 - 8
2）教父たちの説明
 ①あがないの普遍性
 ②キリストのすべての人々との連帯性

③悪に打ち勝ったキリスト

④死んだ義人たちの救い

⑤アダムとエバをはじめ、すべての正しい人たちの手を取って、
　シェオル（黄泉の国）から引き出す…

＊中心となるのは…

開かれたみ心、聖母マリアの孤独と希望…

３．祈りの箇所 （霊操 208f、209a）

＊聖書の箇所

ヨハネ 19：31 – 37　開かれたみ心、血と水が流れ出た…。

聖母マリアと共にご受難をまとめた形で観想する。

（朝：前半、午後：後半）

詩編 138　主の愛に感謝する。

「み心」

*ケンピス『キリストにならう』

第4巻 第9章　自分と自分のすべてを神に献げ、すべての人のために祈る

***物語**　「小川の石」（『たとえ話で祈る』pp. 195 ～ 199 より）

　師は、弟子の報告を聞くのに少々うんざりしていた。毎日やってきては、素晴らしい霊的進歩を遂げている次第を、とうとうと述べ立てるのだ。

　「先生、今日の祈りも夢を見ているようでした。祈りの時間が飛ぶように過ぎ、いつものとうもろこし挽きと水やりの仕事に戻るのがなんとも残念でなりませんでした」。

　次の日、

　「先生、私は大満足です。あなたのお命じになったことは、完璧にこなしました。どんな小さなこともおろそかにしていません。朝の祈り、昼の祈り、夕の祈り。沐浴も済ませたし、聖母に新しい花も捧げました」。

　また次の日、

　「先生、私はなんという果報者でしょうか。言葉に尽くせない霊的雰囲気に包まれていて、優しい導きを感じます。そよ風が竹を抱くように、神様は私に接してくださるのです」。

　ついに、ある夕暮れ、師はこの思い上がった弟子に言った。

　「川まで一緒に行こうか」。

　「もちろんお供しますとも。新しい祈りの体験に進むのですか」と弟子は答えた。

　師は弟子を伴い、川までの道を行った。陽はもう沈んでいた。蜂の羽音が静かにうなるように聞こえていた。蝉が繰り返し単調に鳴き続けている。空気もまどろみ始めているようだった。川辺に着くと、師は言った。

　「上衣をからげて川に入りなさい。もっと中に。そう、そこだ。流

れに手を入れて、石を一つ取りなさい。さあ、それをここに持ってきてごらん」。

弟子は美しい丸石を手に、川から出た。師は石を受け取り、指で回しながらしげしげと眺めてから、弟子に返した。

「では、この石を半分に割ってごらん」。

弟子はその通りにして、きれいに割れた石を師に渡した。

「先生、石を割りましたが、次は何をいたしましょうか」。

「このきれいな丸石をごらん。どれだけの水がこの石を包み、洗い流し、磨き上げたことだろう。けれども、水は中までしみ込んではいない。よく見てごらん。中心は乾いたままだ。たくさんの水に包まれ、洗われ、磨かれたのに、相変わらず石の心だ」。

弟子は言葉もなく、うなだれて去って行った。真実は痛いものだ。患部を切開し、洗い清め、そして癒やす。

これ以後、弟子は一日中、あれをする、これをするで過ごすことはなくなった。神の愛の水のあふれる奔流に身をゆだねたのだ。柔らかい土地に水がしみ透るように、彼は身も心も、満たされていった。

こうして時は過ぎ、何ヶ月かが経った。ある日、師は自ら弟子のところに出向き、こう尋ねた。

「何ヶ月も音沙汰がないが、どうしていたのかね」。

「先生、ご覧の通りです。神に満たされています。でも、それは、神が私を変えて、柔らかい土地にしてくださったからです」。

＊象徴　開かれたみ心（槍は矢印。見よ、すべてはここから！）

＊ミサ　「白」

祈願●「み心のミサ」、第一●エフェソ 3：14 – 21、福音●ヨハネ
19：31 – 37、聖歌●入祭：典 93 ①、答唱：典 122 ① ⑦ ⑧、アレルヤ：
典 261 ⑤、感謝：典 228。閉祭：指定なし。

Els nostres noms estan escrits en el cor de Crist

第4週 第26日 「喜びの日」

1. 祈り 「喜びを身にまといながら」
(タベンナのテオドルス　1世紀)

私たちの主イエス・キリストの
御父である神に感謝しよう。
なぜなら神は私たちをあらゆる苦しみのただ中で、
わずかな喜びを彼から受けとるのに
ふさわしい者となさったから。
実際、神は　私たちの疲れ切った
心の中に平和を置かれ、
私たちのへりくだる心を増し、
私たちの信仰を堅固にしてくださった。
だから大きな声で涙ながらに神に祈ろう、
憐れみと赦しを　私たちに与えてくださるように。
収支をはかったり、
私たちの罪を取り調べたりしないで、
むしろ霊魂と身体において
私たちを清めることによって、
私たちを新しくしてくださるよう　神に願おう。
私たちをこう語るにふさわしい者としてくださるように。
「あなたはわたしの嘆きを踊りに変え、
粗布を脱がせ、喜びを帯としてくださいました」 (詩編 30：12)。

2．考察の要点

＊過越の神秘の第二部

1 ）客観的レベル

贖罪は、イエスの個人的、普遍的、永続的行いである。

すべての造られたものに命を与えた。イエスはすべての被造物の頭である。

2 ）主観的レベル

ご復活のイエスとの交わりを得られる。その賜物は無理矢理に押し付けられるのではない。信仰のある開かれた心に注がれる。

主のご昇天ののちに、主の使命に参加させられ、派遣される。

＊繊細な精神に呼びかける第四週

黙示録 1 : 18　「一度は死んだが、見よ、世々限りなく生きて、死と陰府の鍵を持っている」。

ローマ 12 : 15　「喜ぶ人と共に喜びなさい」自分を忘れて、主の喜びを仰ぎ見る。

愛を込めた祈り。楽しい沈黙を味わう。

第一週の実り　清められた心

第二週の実り　照らされた心

第三週の実り　もっと深い心

第四週の実り　もっと開かれた心

「復活」

＊聖イグナチオの道

<u>霊操 222</u>　要点第一、二、三：目で見、耳で聞き、動作から学ぶ。

<u>霊操 223</u>　要点第四：主の神性が表われ、示されることを考察する。

<u>霊操 224</u>　要点第五：友を慰めるキリストの務めを考察する。

<u>霊操 227</u>　４つの霊操の祈りの時間（５つの霊操の代わりに）。

<u>霊操 221、229</u>　落ち着いた心で主の喜びを祈り、味わうことが中心である。

3. 祈りの箇所 （霊操 218 – 229、299、300 – 301、302）

＊霊操

<u>霊操 218 – 229、299</u>　イエスが母マリアに現れる。

＊聖書の箇所

<u>ルカ 1：46 – 55</u>　マリアの賛歌。

<u>マタイ 28：1 – 10</u>（マルコ 16：1 –11）　婦人たちへの出現（霊操 300-301）。

<u>ヨハネ 20：1 – 18</u>　ペトロとヨハネは墓に走る（霊操 302）。マグダラのマリアへの出現（anima アニマ：女性的な心）。

＊ケンピス『キリストにならう』

第３巻 第 16 章　まことの慰めは神にのみ求められる

「聖母の前に現れるキリスト」

＊**物語** 「小さな葦の棒」(『たとえ話で祈る』pp. 200〜 202 より)

　草原の野菊の茂みに、小さな葦の棒が落ちていた。ぴょこんと突き出た頭は、日差しで黄ばみ、からからに乾いていた。

　ある日の明け方のことだ。日の出とともに、草原は眠りから覚め、息を吹き返し、羊の群れが、すいかずらの咲く道に、鈴の音を響かせていた。牧羊犬が、群れからはずれた羊を追い立て、短く吠え立てている。

　もう幾度となく通った道を、群れと一緒に歩いていた羊飼いの少年は、ふと、道端の野菊の茂みに小さな葦の棒が埋もれているのに気づいた。乾ききって、おまけに穴まで開いている。かがんで葦を拾った途端、少年は顔を輝かせ、大喜びで叫んだ。

　「すごいや、葦の笛を見つけた！」

　たった一度の出会いによって、輝きを放つ人生もある。羊飼いの少年は草の上に腰を降ろし、葦の笛を吹き始めた。羊の群れのあのすいかずらの道を行くちりんちりんという鈴の音とはまったく違う、思いがけず美しい音色が、流れ出した。それは、風に揺れる高いポプラの梢までも包み込み、少年の心をあふれる喜びで満たしたのだった。

＊「私は、ここに、あなたの足
　元に座っております。どうぞ、
　私の人生を、葦の笛のように
　まっすぐで、簡素なものになさってください。あなたの音色で満たしていただけるように」(タゴール)。

＊象徴　開かれた墓…

「キリストの復活と女性たち」

＊ミサ　「白」

祈願●「ご復活のミサ」、第一●黙示録 1：12 – 18、福音●ヨハネ
20：1 – 10、聖歌●入祭：典 345、答唱：典 31 ① – ③、アレルヤ：
典 265 ⑤、感謝：典 205、閉祭：典 410 ① ②。

第27日「主が友を慰める日」

1. 祈り 「ニコラス神父の祈り」
（第 30 代イエズス会総長 アドルフォ・ニコラス，S. J.
1936 ～ 2020)

主イエスよ、
私たちのどんな弱さを見て、それでも、
あなたのミッションに協働するよう呼ばれたのですか？

あなたが、招いてくださったことに感謝を捧げます。
世の終わりまで共にいてくださる約束を
どうか忘れないでください。

しばしば、私たちはあなたが共にいてくださることを忘れ、
無駄に力を費やしたと落ち込むことがあります。

どうか、私たちの人生と、なすべきことにあって、
今日も、明日も、そして、来たる未来も、
あなたの存在を感じさせてください。

あなたに仕えるために差し出した私たちの人生を
あなたの愛で満たしてください。

「自分たちのこと」だけにとらわれ、
「自分のもの」に執着してしまう、
共感と喜びに欠けた利己主義を私たちから取り去ってください。

私たちの知性とこころを照らし、

私たちの思い描いたように、ことが進まないときでも
笑顔でいられますように。

一日の終わりに、毎日の締めくくりに、
あなたとの日々を思い起こさせ、
日常の中に大いなる喜びと希望を見いだすことができるよう
お助けください。
私たちは、弱く、罪深いものですが、
あなたの友なのです。

アーメン。

2. 考察の要点

*ご復活の意味

a) 天の父は、イエスのいけにえを受け入れられた

私たちもキリストのうちに受け入れられ、神の子の資格を得た。第二のアダムのうちに復活し、新しい人となり、恩恵の子となり、聖霊の神殿となった。

b) キリストは死んだが、生きている

十字架上で死ぬまでのキリストはこの世に生きていた人である。そのため、ご出現の時に彼に出会った弟子たちは、イエスであることを悟らなかった。ご復活のイエスは同じ人でありながら、違う姿で現れる。空間と時間を超えて、どこにでもいらっしゃる。天の父の右におられ、世界でも活動をなさる。特に、教会の秘跡を通して…。

c) ご復活の三つの次元

1) 過去：イエスが復活し、歴史の主である記念。
2) 将来：いつか私たちも、その復活の恵みに参加するだろう。
3) 現在：今こそご復活の証人として生きよう！喜びのうちに！

「もし、キリスト者がキリストの復活を信じているならば、もっ

とうれしそうな顔をするべきです！」（ニーチェ）

d）教会におけるペトロの姿とマリアの姿

1）ペトロの姿：平和、正義のために、組織で活動する（animus アニムス：男性的な心）。

2）マリアの姿：ご復活の最初の証人である婦人たち（三人のマリア、ナザレの聖母マリア、ベタニアのマリア、マグダラのマリア）愛、観想、世話する、受け入れる心（anima アニマ：女性的な心）。

教会にこのマリアの姿がないと、社会正義クラブのようになり、秘跡性と祈りがなくなる。愛され、愛することが先である。

3．祈りの箇所 （霊操303、304、305）

＊聖書の箇所

<u>ヨハネ20：19－23</u>　使徒たちへの出現、平和（shalom）、喜び、使命感、派遣、聖霊、罪の赦し…。

<u>ヨハネ20：24－29</u>　トマスへの出現、信仰と愛への飛び込みの美しさ。

<u>1ペトロ1：8</u>　言葉では言い尽くせない喜び。

<u>詩編62</u>　主こそ、私の希望！「神にのみ、わたしは希望をおいている」。

＊ケンピス『キリストにならう』

第4巻 第11章　敬虔な霊魂には、キリストのおんからだと聖書が必要である

＊物語　「神様は私たちが笑うように望まれる」
（『たとえ話で祈る』pp. 207 ～ 209 より）

アントニー・デ・メロの本にある話である。

師はざっくばらんな人柄だったから、弟子たちは、神を探し求めて

来られたこれまでの道のりをお聞かせください、と頼んだ。

「神はまず、私の手を取るようにして、行いの国に導かれた。そこで、私は何年か過ごした。次に、神は私を、苦悩の国に伴われた。心の無秩序な愛着がすべて清められるまで、そこに住んだ。そして、愛の国では、燃えさかる愛の炎に私のうちに残っていた自我は、ことごとく焼きつくされてしまった。その後、沈黙の国に行き、生と死の神秘に驚きの目を見張ったものだ」。

「そこが師の道の到達点ですか」。

「いや。ある日、神は言われた。『今日はおまえを神殿の一番奥の聖所、私の心の中に連れていこう』と。そして、導かれたのは笑いの国だった」。

＊**象徴**　エマオへの道…

＊**ミサ**　「白」

祈願●「良き牧者：ご復活第4主日」、第一●1コリント15：1－28、福音●ルカ24：13－35、聖歌●入祭：典123④、答唱：典121①－③、アレルヤ：典265④、感謝：典216、閉祭：典26①。

「エマウスの巡礼者」

第28日「教会を愛する日」

1. 祈り 「神への奉献」（ロヨラの聖イグナチオ, S. J.）

主よ、私たちにお教えください。
あなたが望まれるようにあなたに仕えることを
犠牲を数えることなくお捧げすることを
傷を気にとめることなく戦うことを
休息を乞うことなく労苦することを
私たちがあなたの意志を行うことを知る以外
どんな報酬を求めることなく働くことを。

2. 考察の要点

*教会と心を合わせるための規定（霊操 352 – 370）

共に考えるよりも、共に感じ合う態度と心構えをもつ（sentir）。

（A）根本的な原則（霊操 353、365）

（第1則《353》と第13則《365》）：すべてにおいて聖霊に従う準備ができている心を育てる。

すべてにおいて正しくあるためには、自分に白と見えたことでも、教会がそれを黒であると判断すれば、私も常に黒であると信じる態度を常に取らなければならない。花婿主キリストと花嫁である教会の間に同じ霊が内在し、救霊のために私たちを治め導かれることを信じるべきである。というのも、われらの母聖なる教会は十戒を与えた同じ霊とわれらの主を通して導かれ、治められているからである。

（注）イグナチオは白いものを黒と信じるように言っているのではない。自然や信仰上の証拠を否定するのではなく、誤りやすい人間の現実を絶対化しないで、聖霊が導き、治めている教会教導職を大切にする心を示している。(Candido de Dalmases, S. I.) p.183

(B) 三つのグループ（霊操 354 – 370）
　1）第2則 – 第9則：教会の中での生き方や掟、信心などに対する純粋な態度を養う
　　①第2則：告解、聖体拝領（354）
　　②第3則：ミサ聖祭、典礼（355）
　　③第4則：修道生活、童貞、貞潔の道（356）
　　④第5則：修道生活の誓願（357）
　　⑤第6則：聖人の遺物、巡礼、免償、恩赦（358）
　　⑥第7則：大齊と小齊（359）
　　⑦第8則：教会の典礼用具と建築、聖像（360）
　　⑧第9則：教会のあらゆる掟（361）
　2）第10則 – 第12則：教会の目上に対する尊敬
　　①第10則：批判よりも尊敬（362）
　　②第11則：実証神学とスコラ神学を賞賛する…（363）
　　③第12則：生きている人を聖人と比較しないこと…（364）
　3）第14則 – 第18則：複雑な論争をされている真理の取り扱い方
　　④第14則・第15則：救いの予定（366 – 367）
　　⑤第16則：信仰と行いの関係（368）
　　⑥第17則：恩恵と人間の自由（369）
　　⑦第18則：神への愛と神への畏れの関係（370）

＊教会のイメージ
　神秘体、秘跡、神の民、み言葉の使者、奉仕する、巡礼する民…

3. 祈りの箇所

*聖書の箇所

ヨハネ 21：1 - 14　宣教する教会、ご聖体を中心とする教会…。
ヨハネ 21：15 - 25　ペトロに従う教会 (愛の試練：philia 対 agape)。
「教会」の特徴は、「キリストの名によって宣教し (1 - 8)、エウカリ
スティアを中心とし (9 - 14)、最高の価値を十字架におき (15 - 19)、
主が再び来られるまで、愛された弟子として、愛と希望のうちに生きる
こと (20 - 23)」である。
十字架を基準にする教会、希望のうちに歩む教会 (黙示録 22：17)。
詩編 133　兄弟姉妹との一致。

*ケンピス『キリストにならう』

第4巻 第17章　キリストを拝領したいという熱い愛と激しい望み

*物語　「月と教会の神秘」(『たとえ話で祈る』pp. 213 ～ 215 より)
月の神秘は教会の神秘を語る… (教父たちの教え)

　月は古来より、衰退のシンボルであ
ると同時に、豊穣と再生、復活と希望
のシンボルでもある。つまり「月」は、
その満ち欠けにより、人間の存在の悲
しみも喜びも象徴して来たのである。
　古代教会の教父たちは、「教会」を「月」
にたとえた。月は自ら光を放つのでは
なく、太陽の光を受けて輝く。太陽が
なければ、まったくの闇に閉ざされる。
これは、「教会」の本質を、実によく表
している。月が太陽の光を受け、夜を明るく照らしてくれるように、「教
会」もキリストの光を受け、神を求めてさまよう人間の闇を照らして

いるのだから。たとえ「教会」そのものは闇であるとしても、キリストの光を放っているのだ。月はこの神秘を語る。

　宇宙旅行も夢でなくなった今、このたとえをもう一度よく振り返る必要がある。宇宙飛行士は、でこぼこの岩だらけの荒涼とした砂漠である月を、その目で見た。しかし、それでもなお、太陽に照らされる時、月は光である。

　一方で、月のありのままの姿こそ、「教会」をよく表わしているのではないか、という疑問も湧き起こる。「教会」を探検し、発掘調査をしてみれば、月と同じように、砂や岩がごろごろ出てくるばかりではなかろうか。人間の弱さと失敗にまみれた歴史が。それも、また現実だ。けれども、それでも「教会」は、でこぼこの姿でありながら、キリストから受けた光を放つ。この光を放つ「教会」こそ、ある意味では、現実の姿である。自ら輝くのではなく、受けた光によって初めて真価を発揮する本性を持つのだから。

＊**象徴**　「月」ペトロの舟、ぶどうの木…

＊**ミサ**　「白」
祈願●「教会一致」、第一●１コリント13：1‒13、福音●ヨハネ15：1‒17、聖歌●入祭：典177①、答唱：典322、アレルヤ：典264（5B）、感謝：典224、閉祭：カトリック典310「キリストはぶどうの木」。

「イエスとペトロ」

第**29**日「ご昇天と聖霊降臨の日」

1. 祈り　「使徒的魂を得るための祈り」
（ジャン・ルロット, S. J. 1902 ～ 1979）

　　貴い婦人、使徒の元后、
　　あなたはこの世に御子をお与えくださいました。
　　あなたは、御子をエリザベトと洗礼者ヨハネのもとへお連れし、
　　羊飼いたちや三人の王、
　　シメオンに引き合わせた御子の最初の使徒です。

　　あなたは、使徒たちが世界中に派遣される前に
　　ケナクリムの隠れ家に使徒たちをお集めになりました。
　　そこであなたは熱心に使徒たちに伝えました。
　　私にも勇敢で寛大な心を、
　　また同時に、戦いを怖れず甘受する心をお与えください。

　　あらゆる機会に、あなたの御子であるキリストは世の光であり、
　　キリストだけが命のみ言葉であり、
　　キリストの国の中で、すべての人は平和を見いだすということを
　　証しする心を私にお与えください。

2. 考察の要点

＊聖書におけるご復活の二つの意味
　1）上（挙）げられる（下から上に）（exaltatio）
　　　旧約　ダニエル7：1-14　「『人の子』のようなものが天の雲に
　　　乗り…」。
　　　新約　フィリピ2：6-11　「神はキリストを高く上げ…」。

2）よみがえる（前から後ろへ）（resurrectio）

　　旧約　ダニエル12：1 - 3 「多くの者が地の塵の中の眠りから
　　目覚める」。　2マカバイ7：14 「死に渡されようとも、神が
　　再び立ち上がらせてくださる…」。

　　新約　ルカ24：36 - 43 弟子たちに現れる。

＊見る時から信じる時へ・イエスの時から教会の時へ

　　使徒たちは派遣される（missio）。

　　三位一体から与えられる使命を果たすため。

　　父は子を送り、子は聖霊を送り、聖霊は弟子たちを送る…。

＊聖霊

　　神の愛の息吹、水、雲、火、風、知恵、助け主、慰め主（Paraklitus）

　　（para ＝強くする接頭辞、kaleo ＝呼ぶ、klitus ＝呼ばれた［過去分詞］）

「聖霊降臨」

その深い意味は

呼ぶ方（刺激し、悔い改めを与える良心の声・神の声）と呼ばれた方（弁護者、助け主、慰め主）。

イエスの跡継ぎである。

モーセの後のヨシュア、エリアの後のエリシャ、イエスの後の聖霊…。

3. 祈りの箇所

＊聖書の箇所

ルカ 24：44 - 53 と使徒 1：1 - 11　主の昇天。

1 テモテ 3：16　肉 - 霊、天使たち - 人々、世界 - 天の栄光…。

使徒 2：1 - 18（ヨハネ 14：15 - 26）　聖霊降臨。

詩編 110　主のご昇天と司祭職…。

＊ケンピス『キリストにならう』

第 3 巻 第 49 章　永遠の生命へのあこがれと、そのために戦う人に約束された大いなる報い

＊物語　「一メートル四方の花」
　　　　（『たとえ話で祈る』pp. 220 〜 224 より）

　カタイ国の王が死んだ。国中が悲しみに包まれた。一ヶ月の服喪が過ぎ、宮廷の重臣たちが、厳粛な面持ちで、亡き王の遺言状を開封した。

　美しいカタイの国は、三つの地域に分けられるが、それぞれが全く違っていた。

　山岳地帯は乾いた荒れ地だったが、そこここに泉の湧く小さな谷がいくつもあるので、「泉あふれの地方」と言った。

　山に囲まれた広い肥沃な平野は、人口も多く、生活にもゆとりがあり、「実りあふれの地方」と呼ばれていた。

　海岸地帯は、港に格好の入江や砂浜も多く、漁業が盛んで、真珠貝

もとれた。そこで、このあたりは「港あふれの地方」と言った。

　父王の遺言は荘厳に公表された。それは王国を三つに分けるものだった。

　「『港あふれの国』を剛毅にして冒険心に富むわが息子クリスナに譲る」。

　「『実りあふれの国』を企業家にして経済手腕に富む我が息子シバナンダに譲る」。

　「山岳地帯である『泉あふれの国』を、国民を幸せにするために、末の息子リスマクリンに譲る」。

　「二人の息子たち、クリスナとシバナンダは、その領土である平野と海岸を、リスマクリンが自由に通行し港に出ることを許可しなければならない」。

　夢見がちな末っ子王子に、乾いた荒れ地の山岳地域を残したうえに「国民を幸せにするため」だというのは、皮肉のように聞こえた。少なくとも、譲り受けた国を初めて公式に訪問した末の王子は、そのように感じた。なにしろ目に入るのは、荒涼とした土地とそそり立つ山の狭間の小さな谷ばかり。ただ、湧水だけはふんだんにあった。それにしても、王子の話をさえぎったあの農民のぶしつけなことばが、宮殿に帰っても王子の頭を離れなかった。

　「良い水の湧くこの土地に、花を植えてはどうだろう」。

　「何言っているだね、王様。花は食べられませんだ」。

　その時、王子はこう答えた。

　「それはそうだ。しかし、花で食べて行くことはできよう」。

　新しい王はこのできごとについて思いをめぐらし、一つの結論を得た。

　「私の国民は悪い人間ではない。貧しいだけだ。貧しいために、心が狭く、ゆとりがないのだ。また、物事を知らないために幸せになれないのだろう。福祉はまず、不幸を是正することに始まる。私は国民たちが、彼らにふさわしい幸せを手にすることができるように、力を尽くしてみよう」。

数日後、水を引き花を植えよ、という政令が発布された。国民一人につき、一メートル四方の花を栽培せよというこの命令に、人々は首をかしげた。

　「うちの王様も変ったことを言われるものだ。二人の兄王子は、海外に出向いたり、土地を開発したりで大活躍だというのに、花を植えろとはね」。

　春が来て、荒れ地に奇跡が起こった。不毛だった山地が見渡す限りの花畑となったのだ。人々は生き返ったように働きはじめ、総出で水をせき止めてダムを造り、発電装置を回した。電気が通じ、電灯もついた。けれども、なんといっても一番の奇跡は、彼ら自身の中に起こった。あのいつも喧嘩腰の頑固で仏頂面をした人々が、幸せは外からやって来るのではないと気づいたのだ。幸せの鍵は自分自身の中にあり、それを見つけるだけで良いのだと。そして心を磨く三つの秘訣まで発見した。花を育てること、音楽を育てること、愛を育てること。花も音楽も互いに殴り合っていては育たず、愛はののしり合っていては実らないから。

　花あふれる「泉あふれの国」の奇跡にひかれ、大勢の観光客がこの地を訪れた。美しい花々が、次々と「実りあふれの国」を通り、「港あふれの国」の港から輸出された。絵はがきが刷られ、ホテルが建ち、通信手段も改善され、人々の暮らしはすっかり豊かになった。こうして、皆の顔にほほえみがあふれ、国中に生きる喜びがみなぎった。

＊イエスは私たちにこう言い残された。「互いに愛し合いなさい」（ヨハネ 13：34）と。もし私たちが皆、この世界で、花と音楽と兄弟愛を育てるのに専念したらどうだろう。「ほほえみあふれる国」を建てられるのではあるまいか。

＊**象徴**　聖霊が降臨した二階の部屋

＊ミサ　「赤」
祈願●「聖霊降臨」、第一●使徒言行録 2：1 - 18、福音●ヨハネ 14：15 - 26、聖歌●入祭：カ 223、答唱：典 69 ① ② ③、続唱：典 352、アレルヤ唱：典 266　聖霊降臨、感謝：典 399、閉祭：カ 619。

「花と音楽と愛」

第30日 「感謝と愛の日」

1. 祈り 「すべてを捧げる祈り」（ロヨラの聖イグナチオ，S. J.）

すべてを取ってください。主よ、受け入れてください。
私のすべての自由、私の記憶も、理性も、意志も。
私にあるものと、持っているものすべてを、
あなたがこれらを私にくださったのですが、
主よ、あなたにお返しします。すべてはあなたのものです。
どうぞ、あなたの望みのままに計らってください。
あなたの愛と恵みを与えてください。
私にはこの恵みだけで十分です。

2. 考察の要点

＊愛を得るための観想
聖イグナチオは三つの体験へ導いた
1) 人生の本当の意味
　　原理と基礎に表されている。
　　偽りの人生：罪の状態。第一週で見たように、罪の状態ゆえに、
　　人間は緊張して生きている。良い人生を過ごすためには、奉仕と
　　選定によって神に応える必要がある。
2) キリストと共に生きる
　　人間の一番大切な能力「愛情」をキリストのように用いる。貧し
　　さと憐れみのうちに生きることを望む。
3) 観想的原理と基礎
　　これほどの恵みをいただいて、愛を得る…。
　　聖イグナチオにとって、愛することは奉仕することである。

＊答えは現存とみ摂理

1）主のみ顔を尋ね求める（詩編 24：6、27：8 – 9）。歴史や人々、自分自身の中で。

2）世の顔を新たにしながら、人々と物からの解放によって、自分自身を清めながら、教育しながら（educatio の語源は educo：educo は外に出すの意）、働きながら。

3）すべてはキリストのうちにまとめられる（alpha と omega）。

＊天使たちのように（霊操 231）

賛美と使命（創世記 28：12）。

大天使ガブリエル：み言葉を宣べ伝える。

大天使ラファエル：人を守る。

大天使ミカエル：悪と戦う！

＊使徒的霊性

「たくさんの顔を見る」。

イエスとマリアの顔は模範である。人々の顔（家族、友人、隣人など）をイエスに紹介するために働く。

missio ＝使命。父は御子を、御子は聖霊を、聖霊は教会の中で私を送る！

martyria ＝証しする（殉教まで）。

koinonia ＝交わり、分かち合う。

diakonia ＝奉仕する。特に小さい人々へ…。

3. 祈りの箇所（霊操 230 – 237）

＊霊操

霊操 230　愛は言葉より、行いによって表す（マタイ 7：21、1 ヨハネ 3：18）。

霊操 231　分かち合い（ヨハネ 15：13 – 15、1 ヨハネ 4：10 – 13）。

<u>霊操 232</u>　場所の設定。神と天使たち、諸聖人の前に。

<u>霊操 233</u>　望んでいるものを願う。神の恵みに感謝し、愛の奉仕をするためにいただいた内的知識を願う。

<u>霊操 234</u>　第一要点：「創造、贖い」（罪の赦し）、個人的な賜物など、受けた恵みは？（第一週）

答え：自分の歴史を受け入れる。どんな失敗、不正、責任、自己防衛があったか。無意識の罪があったとしても、平和のうちに神の忠実を認め、感謝の歌を歌う。

<u>霊操 235</u>　第二要点：「受肉された恵み」を見る（第二週）。

<u>エフェソ 3：14 – 21、マタイ 28：20</u>　神は大自然の中に住んでおられるだけでなく、歴史の中にもおられる…。

<u>マタイ 25：35 – 40</u>　貧しい人々の中に神がおられる。だから、イエスは彼らに奉仕していた。

<u>霊操 236</u>　第三要点：「働く恵み」を考察する（第三週）。

<u>ヨハネ 4：31 – 34、5：17、2テモテ 1：7 – 8</u>　今一度祈る。神は大自然、歴史において働いておられる。また人々の心の内にも働き、私たちを奉仕へと動かしておられる。私の周りで、どれほどたくさんの熱心な人たちが隣人のために働いているかを観想したい。欠点を見るよりも、人の良さを見たい。妬みをもたず、感謝しながら…世の中に罪と恵みは混在している。

<u>霊操 237</u>　第四要点：「超越的、人格的恵み」を見る（第四週）。

すべての良い物と賜物は、光の父から、天上から下る。第三の要点にも表れている。「良さ」は「上から来る」。いつもその光の源である御父から来る（<u>ヤコブ 1：17</u>）。

＊ケンピス『キリストにならう』

　第 3 巻 第 5 章　神の愛の感嘆すべき効果

＊**物語** 「二匹の魚」（『たとえ話で祈る』pp. 228 〜 230 より）

アントニー・デ・メロの紹介する小話である。

「すみませんが」と小さな魚が大きな魚に話しかけた。

「あなたは僕よりずっと年上でいろいろな経験をしておられるから、きっとお分りでしょう。『大洋』とは一体どこに行けば見つかるのか教えてください。僕はあちこち探してきたけれど、まだ見つからないのです」。

「大洋だって？ 今君のいるところがそうだよ」、と大きな魚は答えた。

「ここですって？ ここはただの水ばかりですよ。僕が探しているのは大洋なんだ」、

と若い魚は気落ちして言った。そして、他を探して泳ぎ去った。

＊小さな魚よ、探すのはおやめ。探すことはないのだから。ただ心を静め、目を開けて、「観る」がいい。朝な夕な、それは美しく彩りの変るこの「大洋」を。

　日の出にはコバルトブルーに輝き、緑になり、午後には深い青からやがて藍色へ、日が沈むといつか、黒曜石のような黒に変る。

　大洋の中で幸せに過ごしている魚もいれば、ただの濁った水の中を泳いでいると思い込む、観想を知らない若い魚もいる。二匹の魚は同じところに住み、同じところを泳いでいるのに。なぜだろう。そう、すべては心の持ち方。

＊**象徴** 「泉」「滝」「父からの光」

＊ミサ　「白」

祈願●「三位一体」、第一●１ヨハネ４：７-21、福音●ヨハネ17：20-26、聖歌●入祭：典322、答唱：典133①②、アレルヤ：典266 三位一体、感謝：典213、閉祭：典387①-③。

「エン・ゲディの泉から流れ落ちる滝」
ミカエル・モイズィキェヴィチ撮影
電子写真集『聖書の世界-イエスの道』より

Pedir conocimiento interno de Jesús,
para que más le ame y le siga.

あとがき

　聖イグナチオの回心 500 周年に当たり、イグナチオ年が始まる 2021 年に『聖イグナチオの 30 日の霊操』を出版できることは私の大きな喜びです。「師父イグナチオ」への尊敬と感謝の念を表すことになるからです。67 年前にイエズス会に入会以来、聖イグナチオの生涯と教えから多くの恵みをいただきました。それが今の自分自身のすべてとなっています。この本には私の「心からの感謝」の思いがたくさん詰まっています。

　また、来日して今年で 59 年になります。恩師・恩人の方々、イエズス会の兄弟たち、家族・友人など今までご縁のあった方々から受けたものも、この本を作り上げるもととなっています。皆様に深く感謝いたします。

　貴重な聖地写真の掲載を快く許可してくださったドミニコ会のミカエル・モイズィキェヴィチ神父様、推薦文を書いてくださったイエズス会の兄弟ルイス・カンガス神父、レンゾ・デ・ルカ管区長、挿絵を描いてくれたスペインの兄ホセ・マリアにも厚くお礼申し上げます。出版を決めてくださった聖母の騎士社の山口雅稔神父様、きめ細かなご配慮で製作くださった大川乃里子様、編集してくださった中村典子さん、武井志津子さん、髙須照美さん、またこの本のために祈り、協力してくださった皆様に心からの感謝を申し上げます。

　読者の皆様が、神様の限りない愛と慈しみに触れ、賛美と感謝の毎日に導かれますように！ 特にコロナ禍の中で、神への道を歩む人々にこの本が役立ち、助けとなりますように！本書が「活動においても観想する聖イグナチオ」の絶えざる望み、「神のより大いなる栄光のために」なりますように。それこそが私の祈り、願いです。

　2021 年 4 月 22 日　イエズス会の母マリアの祝日に

ホアン・カトレット, S. J.

参考文献

レファレンス

・共同訳聖書実行委員会『聖書　新共同訳－旧約聖書続編つき』日本聖書協会、1990 年。

・学校法人上智学院新カトリック大事典編纂委員会編『新カトリック大事典 I ～ IV』研究社、1996 年～ 2009 年。

一般文献

・Aller, Luis Fernández, *Verde, Azul y Blanco,* Salamanca, Calle Abajo, 1978.

・Arroniz, Prudencio López, ed., *Más Allá,* Madrid, Covarrubias, 1987.

・Ayala, Vidal, ed., *La Voz del Bosque,* Madrid, Covarrubias, 1987.

・カンペンハウゼン，Ｈ．『古代キリスト教思想家』第一巻、中央出版社、1970 年。（聖イレネオについて）

・カトレット，ホアン『祈り続けるイエズス会　イエズス会員の祈り百選』中西眞喜訳、広島、2017 年。

・──『十字架の聖ヨハネの"信仰の道"』高橋敦子訳、新世社、2010 年。

・──『キリスト教古代霊性の歴史』ホセ・カトレット絵、森川由貴 / 永光朱美訳、株式会社中本本店、2014 年。

・──『キリスト教中世霊性の歴史』ホセ・カトレット絵、永光朱美訳、M ツインプリント、2013 年。

・──『キリスト教近代霊性の歴史』ホセ・カトレット絵、永光朱美訳、株式会社中本本店、2013 年。

・──『キリスト教現代霊性の歴史』ホセ・カトレット絵、永光朱美訳、株式会社中本本店、2013 年。

・──『目で見る聖イグナチオの霊操入門』中島俊枝訳、サンパウロ、2018 年。

・──『ピエール・ファーヴル　対話の使徒』高橋敦子訳、新世社、1993 年。

・──『三人の巡礼者の物語　イグナチオ、ザビエル、ファーヴル』高橋敦子訳、新世社、2005 年。

・──『聖イグナチオ・ロヨラの道』高橋敦子訳、新世社、1985 年。

・―― 『たとえ話で祈る』ホアン・カトレット著、中島俊枝訳、サンパウロ、2020年。

・―― 『東洋の使徒 聖フランシスコ・ザビエル』金子桂子訳、新世社、1998年。

・Cavanaugh, Brin, *The Sower Seeds,* New York, Paulist Press, 1990.

・de Dalmases, Candido S.I. Ejercicios Espirituales, Santander, Sal Terrae, 1987.

・Diaz, P. J. ed., *Nuevas Parábolas,* Salamanca, Sígueme, 1991.

・Duffy, J., *Patrick in His Own Words,* Dublin, Veritas Publ., 1975.

・Francia, Alfonso, ed., *Anécdotas de la Historia,* Madrid, San Pablo, 1995.

・Gómez Palacios, José Joaquín, ed., *Taller de Narraciones: Mitos, Leyendas y Poemas,* Alcalá（Madrid）, CCS, 1994.

・Grandmaison, Léonce de. *Jésus Christ, sa personne, son message, ses preuves,* Paris, Beauchesne, 1928.

・グランメゾン, レオンス・ド 『キリストの預言・奇蹟・復活と現代、キリスト観の変遷とその宗教』野口秀吉訳、声社、1958年。

・イグナチオ, デ・ロヨラ『霊操』ホセ・ミゲル・バラ訳、新世社、1992年。

・―― 『目で見る聖イグナチオ・ロヨラの自叙伝』A．エバンヘリスタ、佐々木孝訳、ホアン・カトレット絵、新世社、1991年。

・十字架の聖ヨハネ『十字架の聖ヨハネ 小品集』東京女子カルメル会編集・翻訳、ドン・ボスコ社、1960年。『暗夜』山口・女子カルメル会改訳、ドンボスコ社、1987年。

・ケンピス, トマス・ア『キリストにならう』フェデリコ・バルバロ訳、ドン・ボスコ社、2015年。

・ケールプリング, アントン、リーステラー, パウル『ミュンヘンの使徒 福者ルーペルト・マイヤーの生涯』酒井一郎訳、エンデルレ書店、1988年。

・McArdle, Jack, *150 More Stories for Preachers and Teachers,* Mystic（Connecticut）, Twenty-Third Publications, 1993.

・de Mello, Anthony, ed., *El Canto del Pájaro,* Santander, Sal Terrae, 1982.

・―― ed., *La Oración de la Rana: 1–2,* Santander, Sal Terrae, 1988.

・Monge, Manuel Sánchez, ed., *Parábolas Como Dardos,* Madrid, Atenas, 1992.

・タゴール, ラビンドラナート『タゴール詩集 ギタンジャリ』川名澄訳、風媒社、2017年。

・竹田誠二『ティヤール・ド・シャルダン』聖母の騎士社、2008年。

- Tonín, Neylor, J., ed., *Amo a Olga, y Otras Historias,* Estella（Navarra），Verbo Divino, 1995.
- トレモンタン，C.『ティヤール・ド・シャルダン　その思想と小伝』美田稔訳、新潮社、1996 年。
- Vallés, Carlos G., ed., *Salió el Sembrador,* Santander, Sal Terrae, 1992.
- ウェスレー，ジョン『心を新たに　－ウェスレーによる一日一章－』Ａ．ルシー編、坂本誠訳、教文館、2013 年。

掲載絵画・写真リスト

IMPRIMI POTEST

Tokyo, May 13, 2020
Renzo de Luca, S. J.
Provincialis

聖イグナチオの30日の霊操

―祈りに親しみ、神の愛に生きるために―

ホアン・カトレット, S. J. 著
ホセ・マリア・カトレット 絵

2021年5月20日　第1刷発行

ホアン・カトレット, S. J.

発 行 者 ● 谷崎新一郎

発 行 所 ● 聖母の騎士社

〒850-0012　長崎市本河内2-2-1
TEL 095-824-2080/FAX 095-823-5340
E-mail: info@seibonokishi-sha.or.jp
http://www.seibonokishi-sha.or.jp/

Printed in Japan
落丁本・乱丁本は小社あてにお送りください。送料は小社負担にてお取り替えします。
ISBN978-4-88216-383-1 C0016